DE OLHOS ABERTOS

MANUELA XAVIER
DE OLHOS ABERTOS

Uma história não contada sobre relacionamento abusivo

3ª edição

Rio de Janeiro | 2023

COPIDESQUE
Ligia Alves
REVISÃO
Clarice Goulart
DIAGRAMAÇÃO
Abreu's System

DESIGN DE CAPA
Fernanda Mello
ILUSTRAÇÃO
Lili Oliveira (@lilioliveir_)
FOTO DE CAPA E DE ORELHA
Fernando Borges (@ferborges)

CIP-BRASIL. CATALOGAÇÃO NA PUBLICAÇÃO
SINDICATO NACIONAL DOS EDITORES DE LIVROS, RJ

X21d

Xavier, Manuela
    De olhos abertos : uma história não contada sobre relacionamento abusivo / Manuela Xavier. – 3. ed. – Rio de Janeiro : BestSeller, 2023.

    ISBN 978-65-5712-233-4

    1. Violência contra mulheres. 2. Mulheres maltratadas – Psicologia. 3. Mulheres – Abuso psicológico. I. Título.

22-80072   CDD: 364.15553
                               CDU: 364.63-055.2

Meri Gleice Rodrigues de Souza – Bibliotecária – CRB-7/6439

Texto revisado segundo o novo Acordo Ortográfico da Língua Portuguesa.

Copyright © 2022 by Manuela Xavier
Copyright da edição © 2022 by Editora Best Seller Ltda.

Todos os direitos reservados. Proibida a reprodução,
no todo ou em parte, sem autorização prévia por escrito da editora,
sejam quais forem os meios empregados.

Direitos exclusivos de publicação em língua portuguesa para o mundo
adquiridos pela
Editora Best Seller Ltda.
Rua Argentina, 171, parte, São Cristóvão
Rio de Janeiro, RJ – 20921-380
que se reserva a propriedade literária desta obra.

Impresso no Brasil

ISBN 978-65-5712-233-4

Seja um leitor preferencial Record.
Cadastre-se e receba informações sobre nossos lançamentos e nossas promoções.

Atendimento e venda direta ao leitor:
sac@record.com.br

*Dedico este livro a Poc,
que me ensinou a derrubar todas as portas.*

Sumário

Eu (sobre)vivi: abuso, fúria e despertar 11

    ELES NÃO MUDAM? 14
    O REENCONTRO 16
    ATENTA AOS SINAIS 20
    CULPAS E DEZ-CULPAS 25
    NO CASTELO DO BARBA AZUL 30
    O INÍCIO DE UM DESPERTAR 36
    POR QUE O DESPERTAR É URGENTE? 38

1. As meninas encasteladas: a feminilidade como limitação 49

    SEXO, GÊNERO E SEXUALIDADE 52
    A PSICANÁLISE EN-CENA 53
    A BELEZA COMO INSTRUMENTO DE PUNIÇÃO DAS MULHERES 60
    AS CAVALEIRAS DO PATRIARCADO 67
    AS ARMADILHAS DA PERFORMANCE DE FEMINILIDADE 70
    O PREÇO QUE PAGAMOS 75

2. O Barba Azul e o diabo 81

    O CONTO DO BARBA AZUL 81
    MENTIRAS 84
    CONVOCANDO AS IRMÃS MAIS VELHAS 86
    RECUAR PARA DAR A VOLTA E OLHAR PELO RETROVISOR 89
    O ESTADO 91

3. A masculinidade tóxica: uma produção que encobre a falta   94

A CONSTRUÇÃO DE UMA MASCULINIDADE PREDATÓRIA   94
A OBJETIFICAÇÃO DOS CORPOS FEMININOS   99
ENTRE EXCESSOS E FALTAS   102
O MACHÃO   105
O ESQUERDOMACHO   109
O BOY PROBLEMINHA   113
O BOY TRANQUILO E FAVORÁVEL   118
O BOY JOÃO-BOBO   122

4. As modalidades da violência numa relação abusiva   127

AS CILADAS DO AMOR ROMÂNTICO   128
EXISTEM MULHERES ABUSIVAS?   132
AS VIOLÊNCIAS   135
    Violência física   137
    Violência sexual   140
    Violência patrimonial   144
    Violência moral   147
    Violência psicológica   149
      As estratégias de manipulação   154

5. Mais Vasalisa, menos Cinderela   159

A HISTÓRIA DE CINDERELA   159
VASALISA, A SABIDA   165
ODE À INTUIÇÃO FEMININA   166
QUAIS SÃO AS SAÍDAS?   169
    Estude a história das mulheres   169
    Faça terapia   170
    Junte-se a outras mulheres   171
    Mulheres são protagonistas   172
    Seja gentil com mulheres   172
    A sororidade não pode ser seletiva   173

Devolva os seus incômodos	174
Aprenda a dizer não	174
Exercite sua sexualidade	175
Um chamado aos homens	176
Enxergue-se com olhos mais carinhosos	177
Seja sua própria companhia	178
Invista em você	179
Esteja aberta para o amor	180
Referências	181

EU (SOBRE)VIVI: ABUSO, FÚRIA E DESPERTAR

Eu tinha 30 anos quando entendi que tinha vivido uma relação abusiva. Já havia passado um tempo que não estava mais naquela relação, mas ainda não tinha juntado as sílabas nesta frase dolorosa: eu vivi uma relação abusiva. Eu achava que era apenas uma relação ruim, com uma pessoa de uma personalidade muito empobrecida e por vezes cruel, que eu condensava sob o signo de "escroto".

Acho que levei um tempo para compreender o que tinha acontecido porque me parecia incompatível que eu, doutora em Psicologia, tenha sido vítima de uma relação abusiva. Me parecia impossível que eu, independente, ganhando o triplo do salário dele e sustentando a maior parte das contas da casa, tenha vivido uma relação abusiva.

Se ele nunca me bateu, eu poderia mesmo chamar aquilo que vivi de abuso? Nunca fui estimulada a encontrar no casamento a felicidade plena — casar e ter filhos nunca estiveram nos meus sonhos. Meus pais me criaram radicalmente dona de mim e com todos os espaços abertos para que eu fosse ambiciosa e independente. Saí de casa com 18 anos para fazer faculdade em outra cidade e nunca mais voltei. Atravessei os campos áridos da universidade sendo uma menina jovem vinda do interior, fiz mestrado e doutorado sem sofrer nenhum tipo de violência institucional; me tornei professora em uma universidade federal aos 25 anos, e empreendo desde os 23.

Eu não parecia com o que eu conhecia ou entendia como uma pessoa vítima de uma relação abusiva. Achava que para viver uma relação abusiva era preciso estar entorpecida pela ficção da família e do casamento, e eu nunca estive. Achava que era necessário ser dependente financeiramente do homem, e eu nunca fui, muito pelo contrário: sempre ganhei muito mais que ele. Achava que quem estava numa relação abusiva não tinha conhecimento básico sobre feminismo e direitos das mulheres, mas eu já falava sobre relações abusivas na internet, tendo inclusive divulgado uma cartilha do relacionamento abusivo no meu perfil enquanto ainda vivia a minha sem saber que era abusiva.

Eu achava que viviam uma relação abusiva pessoas com a estrutura familiar esfacelada que buscavam no relacionamento a estabilidade e a segurança afetiva, e eu vinha de uma família estruturada e feliz, com um pai presente e cuidadoso, e uma mãe independente e amorosa. Achava que para estar numa relação abusiva o homem precisava performar aquela virilidade explícita do homem que coça o saco, cospe no chão e diz que mulher dele não sai de casa com aquela roupa; o meu ex era bem diferente disso.

Por que foi tão difícil me perceber vítima de uma relação abusiva? Porque eu não conhecia relatos como os meus. Eu sabia nomear violência sexual, violência física, ameaças de morte e ameaças à integridade da mulher como abuso; mas me faltava repertório para nomear toda a manipulação psicológica e culpabilização também como tal. Depois de atravessar a espessa nuvem de culpa, consegui organizar todos os comportamentos de sistemática humilhação, regulação, controle e menosprezo como abuso; e só aí entendi que os abusadores podem engajar outras performances que não a brutalidade.

O meu ex era um cara sensível, e até aquele momento o homem mais sensível que eu tinha conhecido. Falava abertamente sobre suas crises de pânico, fazia terapia havia tempos e era um veemente defensor dos cuidados com a saúde mental — a dele mesmo, no caso, já que a minha ele não poupou. Ele não falava alto, nunca foi fisicamente agressivo e nunca me traiu — no entanto, descobri muito depois do término que havia me traído com uma colega de trabalho. Como alguém que não me bate, que supostamente não me trai e que nem sequer grita comigo pode ser abusivo?

Levou muito tempo e muito estudo para que eu entendesse a sofisticação de um abuso que atua por meio do tratamento de silêncio e da manipulação psicológica; e muita coragem para expor meu relato em público a fim de alertar outras mulheres e perceber que muitas, dezenas, centenas, milhares de mulheres já haviam passado pelo que passei. A noção de coletividade se tornou ainda mais potente quando recebi o relato de duas ex-namoradas dele que passaram pela mesma situação e, um ano depois do meu relato, uma mensagem de uma moça que estava se relacionando com ele naquele momento e vivia a mesma manipulação psicológica que eu vivi.

Se eu vivi, se outra mulher viveu, e outra, e outra, e outra, oito anos atrás, quatro anos atrás, um ano depois, não podia ser um caso isolado ou um problema normal do relacionamento de um casal. Sair do campo do individual e perceber as repetições de um comportamento no coletivo é primordial para que se entenda a responsabilidade social diante daquela situação.

Quando entendi que os abusos que vivi não eram decorrentes de nada que eu tivesse feito "para merecer", e que meu abusador também não estava passando por um mau momento, consegui entender que aquele não era um problema meu, mas um problema nosso, como sociedade.

A partir desse entendimento, me enchi de potência e força e passei a pautar o relacionamento abusivo a partir de uma perspectiva feminista, psicanalítica e política. Usei minhas redes para falar abertamente sobre todas as facetas dos abusos, sobretudo a respeito dessas sutis que ninguém vê, mas que deixam marcas profundas; despertei milhares de mulheres que, assim como eu, não sabiam que viviam uma relação abusiva e se sentiam culpadas. Construí uma escola na internet a fim de estudar, junto a outras, a história das mulheres e da nossa opressão.

Em 2020, diante da pandemia da Covid-19, previ que as mulheres sofreriam frontalmente as consequências não só da contaminação viral, mas do confinamento que as isolaria em casa com seus abusadores. No estado do Rio de Janeiro, o Plantão Judiciário do Tribunal de Justiça registrou um aumento de 50% de casos de violência doméstica durante a pandemia.[1]

Imaginando o cenário, idealizei em 2020 um movimento que pudesse fazer frente a esse avanço e organizei dois coletivos em atividade: o Escuta Ética, um coletivo de psicólogas e psicanalistas feministas que oferecem

---

[1] "Números de atendimentos demonstram aumento de vítimas de violência doméstica na pandemia", *Plantão Judiciário do Tribunal de Justiça do Rio de Janeiro*, Rio de Janeiro, 17 ago. 2020. Disponível em: <http://www.tjrj.jus.br/noticias/noticia/-/visualizar-
-conteudo/5111210/7500150>.

atendimento psicológico gratuito a mulheres em situação de violência doméstica; e o Nós Seguras, um coletivo de advogadas feministas que presta apoio jurídico a mulheres em situação de violência doméstica. O objetivo era equipar essas mulheres com informação para que conseguissem identificar as violências que viviam, muni-las de direcionamentos jurídicos para que elas soubessem como e onde fazer a denúncia; e ampará-las com apoio psicológico para recuperar sua saúde mental a fim de sair da relação abusiva em que se encontram e construir uma vida saudável e independente.

É preciso que a gente se comprometa com a vida das mulheres e entenda que violência doméstica e relação abusiva são de responsabilidade social e requerem políticas públicas que deem conta de frear essa situação. É necessário tirar a violência doméstica do espaço privado do lar e da vida afetiva de cada um e entendê-la como um problema social, produto de uma sociedade machista e misógina. É com educação, informação e política de igualdade de gênero que vamos educar crianças fora da dominação masculina e do sexismo, para que se tornem pessoas livres, respeitando as diferenças e podendo se amar sem confundir amor com violência.

É por isso que escrevo este livro, como forma de dialogar com mulheres que viveram uma relação abusiva — e que ainda hoje carregam as dores do que passaram — e como meio de empoderá-las, conscientizando aquelas que estão hoje vivendo uma relação problemática mas ainda não entenderam que é abusiva. Meu propósito é também alertar meninas e mulheres para os sinais do abuso disfarçado de amor ou temperamento.

Eles não mudam?

Quando conheci o meu ex, eu era uma jovem universitária saída do interior correndo atrás do sonho de me tornar psicóloga e professora universitária. Não tinha vivido grandes experiências amorosas e sexuais, porque a cidade de interior nos ensina que mulher que exerce livremente a sua sexualidade é puta, e eu sempre fui mais interessada em estudar do que em namorar. Eram tempos de festa e descoberta, grandes novidades:

a cidade, a faculdade, a minha sexualidade, a possibilidade de ser grande, de ser o que eu quisesse ser; e aí esse encontro.

Ele era nitidamente um cara que havia sofrido bullying na escola, não era da turma dos populares, mas agora, na versão adulta pós-trevas do ensino médio, estava fazendo as pazes com a autoestima e a masculinidade. Já não era mais o garoto rejeitado pelas meninas no colégio; era o rapaz interessante que hoje podia escolher entre elas e partia uns corações no processo.

Eu entendia aquela transição porque eu mesma vivia aquilo: nunca fui popular na escola, não recebia recadinhos do coração na época de festa junina e, quando criança, também sofria bullying. Me interessava mais estar no mural da escola como primeira colocada no simulado geral do que receber uma cartinha de amor. Mas agora eu tinha 19 anos, estava numa universidade federal, morando sozinha, e descobria meu corpo como território de desejo e prazer, me sentindo autorizada a ser inteligente e desejada.

Ele nunca hesitou em me contar suas vulnerabilidades, suas inseguranças, talvez porque visse em mim uma semelhante: estávamos os dois nesse vão, nesse hiato, nesse entrelugar. Entre os rejeitados da escola e os desejados na embrionária vida adulta, nos apaixonamos, e um romance adolescente nasceu ali. Sexo na escada do prédio, sexo no carro, festas com muita bebida, conversas intermináveis sobre desejos, planos e inseguranças. Ele me via como um porto seguro e fazia uso da minha escuta atenta e generosa; eu o via como uma aventura gostosa e sentia ali a abertura de uma sensibilidade que nunca tinha visto antes e que me fazia sentir compreendida.

Até que um dia ele me convidou para a festa de comemoração do seu aniversário numa boate da cidade. Fui com ele, de mãos dadas, copo na mão, música alta, luzes e escuridão, os amigos dele, as minhas amigas e centenas de outras pessoas que escolheram aquela noite para curtir. Fui ao banheiro e, quando voltei, ele estava aos beijos, no meio da pista, com uma moça que estava no grupo de amigos dele. Assisti àquela cena meio em choque, meio atônita, meio incrédula, sendo empurrada para um lugar de exposição, rejeição e confusão. Enquanto resgatava as forças para ir embora, tomada de vergonha e tristeza, tentei organizar os pensamentos: "mas a gente não namora, então não foi uma traição"; "mas a gente estava junto, foi sacanagem!"; "foi sim um desrespeito, porque ele ficou com ela na minha frente e na frente de todo mundo que viu que nós chegamos juntos!"; "mas a gente não namora, né?".

Os pensamentos me atropelavam, e só fui entender muitos anos depois que ali, naquela noite, naquela cena, foi a primeira vez que eu trabalhei emocional e psicologicamente para lidar com a inconsequência e a irresponsabilidade dele.

Fui embora e se passaram quase dez anos até que a gente se encontrou de novo. Nesse ínterim, semanas depois daquela fatídica noite, ele me escreveu um e-mail dizendo que sentia muito, que eu era muito especial e que ele gostava muito de mim. Anos depois, no nosso reencontro, ele voltou ao assunto daquela noite e colocou o que aconteceu na conta da imaturidade dos 19 anos. Alegou que tinha sido movido pelo ego, embriagado pela sensação de, pela primeira vez, poder ficar com quem ele quisesse.

Nunca respondi àquele e-mail, e precisei viver aqueles dez anos depois com essa pessoa para entender que ele fez o que fez não porque tinha 19 anos e estava deslumbrado com a masculinidade, mas porque ele mesmo representava a própria masculinidade. Ele já tinha por volta de 30 quando me manipulou, constrangeu e humilhou, não mais no espaço público de uma boate lotada, mas no campo privado da relação afetiva.

Ou seja: eles não mudam. A masculinidade tóxica e viril compõe a subjetividade dos homens, dando a eles irrestrito poder sobre as mulheres, que, na sua visão, estão ali para servir e agradar aos homens; eles não têm interesse em mudar.

O reencontro

Muita vida havia acontecido entre aquela noite e o instante em que eu o reencontrei. Eu não tinha mais 19 anos, havia terminado a graduação e o mestrado, estava fazendo o primeiro ano do doutorado, tinha o meu consultório e administrava um negócio com uma amiga, dava aula em um programa de pós-graduação e tinha acabado de viver a experiência mais traumática da minha vida. Naquele momento, nada seria capaz de me derrubar; eu já havia vivido tanto, já tinha atravessado tantos lugares, que me sentia imune a qualquer coisa.

Quatro meses antes de reencontrar meu ex, eu havia terminado uma relação; ou melhor, ele havia terminado comigo. Antes, é preciso voltar àquela noite dos 19 anos. A minha vida continuou, seguiu; e algum tempo depois eu conheci uma pessoa. Ele era mais velho, cursava uma segunda graduação em psicologia e me olhava com admiração, gentileza e paixão. Me apaixonei por ele numa manhã de um dia de semana qualquer, saindo da casa dele a caminho do ponto de ônibus para voltar para casa, quando um velhinho levou um tombo e cortou a cabeça. E, onde se esperava uma atitude heroica, ele foi demasiadamente humano. Ficou ao lado do senhorzinho com cuidado, atenção, paciência e carinho, e foi ali, olhando para ele com toda aquela calma e cuidado, que eu me apaixonei. Acho que de certa forma eu me vi naquele velhinho, vulnerável e ferido, e entendi que podia confiar naquele homem que olhava tão horizontalmente para a vulnerabilidade.

Vivemos anos de amor, cumplicidade e parceria. Ele me levava flores quando eu me preparava para a prova do mestrado ou para algum concurso; me esperava em casa com o almoço pronto quando eu chegava do consultório. Me fazia rir, gozar e chorar de amor, prazer e carinho. Depois de me relacionar com ele, entendi que as relações amorosas podiam ser bonitas e frutíferas, e aprendi a ser tratada como eu merecia.

Até que ele adoeceu. Uma doença neurológica que o levou ao coma, entre a vida e a morte, por um mês, e, quando despertou, havia perdido a memória. Não sabia quem era ele mesmo, nem quem era eu; foram meses de reabilitação para que ele recuperasse algumas habilidades. A memória não voltou, mas ele aprendeu a se situar em relação às coisas, foi entendendo quem era quem e quais eram os graus das relações.

Permanecemos juntos, e eu sentia que mais juntos do que nunca, porque foram tempos difíceis em que eu achei que ia perdê-lo, foram semanas praticamente morando dentro do hospital numa angústia diária, me perguntando se ele acordaria ou não, e como acordaria. Durante todos os dias em que ele esteve internado, eu lhe escrevi cartas, como uma forma de senti-lo presente ali, como uma forma de fazê-lo se sentir presente depois, para viver esse passado que ele não vivera sem se ausentar.

Enquanto ele estava internado entre a vida e a morte, eu me perguntava o motivo daquilo tudo, tentando encontrar uma explicação para aquela tragédia. Ele era jovem, saudável, não fumava, não usava drogas, era uma pessoa tão boa e tão amada... Por que estava vivendo aquilo? O medo de perdê-lo se tornou para mim uma grande avalanche de culpa, e, numa tentativa insana de encontrar uma explicação para o teto que desabava sobre as nossas cabeças, localizei em mim a culpa.

Eu não valorizava a pessoa legal que ele era. Eu e o meu modo furacão colocávamos sempre mais pressa em tudo com que o relógio dele podia lidar; eu estava sempre mais ocupada conquistando e planejando coisas do que vivendo aquele amor bonito.

Aquele sentimento de culpa totalmente infundado se instalou embrionariamente em mim, e ganhou força total quando, cerca de sete meses depois que saiu do coma, ele chegou em casa, me olhou e disse: "Então, você é muito bacana, tem cuidado muito de mim, mas eu não te amo. Não tenho referência de você, não lembro de você, não tem nada a ver isso aqui que a gente está fazendo." Assim, monocórdio, sem qualquer alteração no timbre ou no tom, as palavras saindo da boca dele com uma quase gentileza, se não tivesse sido tão frio e tão repentino. Antes que eu pudesse compreender aquilo tudo, ele disse que ia arrumar suas coisas para ir embora, uma vez que nós morávamos juntos e ele estava terminando comigo.

Foram muitos anos de análise para que eu elaborasse aquele término. Tudo aconteceu muito mais rápido do que o meu trabalho de luto poderia elaborar: internação, risco de morte, perda da memória, término. Foi diante desse término que eu descobri que ele não era o mesmo, que a perda da memória levara embora aquela personalidade doce pela qual eu tinha me apaixonado. Encontrei com ele algumas vezes depois, e era estranho olhar para aquela pessoa e não encontrar nela o homem por quem me apaixonei, o homem com quem vivi junto por tantos anos, o homem por quem eu chorei semanas com medo de perdê-lo. Havia alguma coisa meio robótica, meio metálica, que havia restado, e só depois daquele término eu pude perceber: o alívio de tê-lo vivo de volta me impediu de ver o véu que tinha ficado no lugar — ele não era mais o mesmo.

Como passar a viver de novo depois de ter enfrentado tudo isso? Eu me sentia no epicentro de uma tragédia pessoal e decidi atravessar essa tempestade me anestesiando e fingindo que nada tinha acontecido. Me joguei em encontros, festas, aventuras e trabalho, como se uma voz superegoica gritasse dentro de mim "A vida continua!". Calcei os sapatinhos vermelhos da impulsividade e da falta de limites e dancei dia e noite, numa fuga do que me afligia.

Essa fuga fundamentava em mim duas certezas: eu era culpada e não viveria um amor de novo. Aquela *bad trip* de culpa que me assolava quando ele estava internado voltou se cristalizando na certeza de que eu tinha perdido a chance de viver um amor e que não haveria outra chance; o que nós vivemos tinha sido único e não se repetiria. Então, se eu não tinha nenhum controle sobre a vida e se tudo o que eu encontraria depois dele seria a superficialidade das relações que me obrigariam a ser mais dócil e menos ambiciosa, eu me sentia pronta para enfrentar a mediocridade dos dias que viriam.

Quatro meses depois, numa festa medíocre onde eu me entorpecia fazendo piada com a falta de sentido da vida, encontrei o outro ex, precisamente seis anos depois daquela noite em que ele se agarrara aos beijos com outra moça na pista e eu voltara sozinha para casa. Por que eu olhei para ele? Por que nós ficamos juntos naquela noite? Por que trocamos telefones? Por muito tempo me perguntei o que teria acontecido se eu não tivesse trazido esse passado para o meu presente mais uma vez; mas naquela época eu me sentia imune a qualquer tragédia, porque achava que nada de pior do que já tinha acontecido podia vir.

Era madrugada, eu me equilibrava nos meus saltos quando avistei um rosto conhecido que me avistara também. "Você por aqui? Não acredito!" Nos cumprimentamos e, à meia-luz, envolvidos com a música alta, embebidos de passado e vodca, nos beijamos. Hoje acho que aquela noite foi uma espécie de restauração da noite que eu tinha vivido seis anos antes, como se fosse possível mudar o que havia acontecido.

Tirando o trauma de uma relação amorosa recém-terminada num contexto trágico, eu estava no meu melhor momento. Tinha acabado de ser aprovada em segundo lugar no doutorado, tinha sido convocada para ser professora da Universidade Federal Fluminense, minha clínica e o empreendimento que eu administrava prosperavam cada vez mais. Naquela época, eu tinha inúmeros parceiros e encontros, e na mesma noite em que nos reencontramos havia outro homem dormindo na minha cama e me esperando em casa.

Qual era a chance de eu cair naquela cilada de novo? Mas eu caí. Em pouco tempo nos envolvemos e engatamos uma relação.

Enquanto a minha vida havia caminhado entre avalanches emocionais e triunfos profissionais, a vida dele permanecia mais ou menos a mesma: não tinha terminado a faculdade, ainda morava na casa da mãe, trabalhava na empresa da família. Reencontrá-lo foi reencontrar também aquela dimensão da pretensa sensibilidade, em que ele não se envergonhava de falar sobre como sofria com crises de ansiedade e ataques de pânico. Ele falava também sobre os dramas familiares, a ausência do pai, os embates com a mãe, as injustiças que vivia no trabalho sendo filho da dona da empresa. Era uma mistura de honestidade genuína com um narcisismo delirante; ele abria suas feridas, mas elas não passavam de pequenos arranhões, dramas enormes diante de coisas cotidianas da vida adulta, mas ele sempre se sentia injustiçado, incompreendido e não acolhido.

Alguns anos depois eu entendi que aquele comportamento já era uma estratégia de manipulação inicial. Ao se abrir comigo sobre coisas tão íntimas, ele me colocava num lugar especial, como se me confiasse um segredo. Conferia a mim um caráter de exclusividade e de extrema confiança, como se me desse provas de seu amor.

A intenção, na verdade, era monitorar se eu retribuiria a generosidade dele, que se mostrava tão vulnerável comigo, com a minha irrestrita atenção. Quando exteriorizava como se sentia diante das situações — injustiçado, incompreendido e não acolhido —, ele não estava apenas sendo honesto, mas também me dando um recado: eu não deveria nunca fazê-lo sentir-se assim. Eu precisava garantir que o compreenderia e o acolheria, diferente de todas aquelas pessoas das histórias que ele contava. Afinal de contas eu estava ouvindo com atenção, não estava? Nunca foi honestidade, sempre foi manipulação.

Atenta aos sinais

Eu ouvia atentamente as lamúrias dele. Sabia que eram inócuas, infundadas, muito rasas, mas achava que escutá-lo era um exercício de parceria, de cumplicidade e também de valorizar algo nobre: ele era um homem falando de suas fragilidades para mim. Nós, mulheres, pedimos um homem sensível, que não reproduzisse a armadura fria do machista invulnerável, e ele era exatamente o contrário disso. Só que não. Fui descobrir depois que aquela encenação de sensibilidade era uma espécie de metamorfose do sistema, um "neomachismo" que eu intitulei de "boy probleminha", uma grande armadilha para as mulheres, sobretudo as feministas.

A primeira etapa da manipulação dele já havia sido concluída: ele instaurara uma dívida em mim, construía o pilar fundamental do que ditaria a dinâmica da nossa relação: ele era o homem frágil, sensível e desamparado que se abria para mim, e eu era a megera insensível que não oferecia o acolhimento necessário e que não valorizava o amor dele.

Essa tática funcionou perfeitamente comigo, uma vez que eu vinha em uma trajetória na qual uma culpa que não era minha era alimentada, mas me consumia. Havia uma pequena fresta na minha couraça de mulher independente e bem-resolvida, e ele escancarou essa fissura, tomou posse, me sitiou subjetivamente e fez do que era uma culpa imaginária um veredito, uma sentença: eu era culpada de tudo.

Logo no início da nossa relação ele sentia muito ciúme. Entrou nas minhas redes sociais e perguntou por cada homem adicionado. Quis saber com quem eu tinha ficado, com quem tinha transado, com quem tinha rolado um caso mais duradouro. Me fez excluir todos eles porque dizia que não tinha motivo para eu mantê-los ali, já que agora eu estava namorando. Enquanto me bombardeava de perguntas sobre o passado e sutilmente me fazia sentir culpada por ter uma vida afetiva e sexual "movimentada", ele usava desse mesmo argumento para justificar as inseguranças dele, que, por sua vez, justificavam esse comportamento invasivo na minha vida.

Não havia tempo para que eu contestasse ou interrompesse a inquisição, porque ele já havia implantado em mim um sentimento de responsabilidade sobre os sentimentos dele, então só me restavam dois caminhos: barrar a invasão dele e ser lida como a namorada má que não se importa com os sentimentos do seu parceiro; ou aceitar o desrespeito em nome do cuidado, do amor e da parceria.

A forma como ele me inquiria não deixava sequer espaço para que eu devolvesse as mesmas perguntas: quem ele seguia nas redes sociais? Com quem ele falava? Quem eram suas ex? Nunca houve espaço para que eu o questionasse, afinal ele rapidamente monopolizou a narrativa sobre ciúme e desconfiança — eu era a culpada, e ele, o que poderia ser enganado.

Entendi que essa era também uma estratégia de manipulação para que eu jamais contestasse ou desconfiasse de qualquer comportamento dele. Quando eu ousava, algumas vezes, perguntar com quem ele falava no WhatsApp, ele desviava da pergunta em tom acusatório: "Se você tá desconfiada das minhas conversas no celular, isso significa que você tem conversas que eu não deveria saber ou de que deveria desconfiar também!" Aquela projeção fazia recair sobre mim uma culpa que não era minha: eu não falava com ninguém porque ele me fizera não só excluir os homens das redes sociais como também bloqueá-los no meu celular.

A desconfiança e o controle deixaram de recair apenas sobre o meu celular e os meus contatos virtuais e passaram a se estender por toda a minha vida. O segundo passo, pós-celular, foram as minhas roupas e o meu comportamento. Ele se incomodava com os decotes e com o comprimento das minhas roupas, e o jeito como ele comunicava isso era perverso. Não era uma queixa objetiva como "Suas roupas me deixam com ciúme", porque isso exporia que quem sentia o que não devia sentir era ele; nem um pedido direto como "Pare de usar suas roupas", porque isso o colocaria na posição do machista clássico; era uma trama complexa, cheia de silêncios e atuação.

Estava tudo bem entre nós, até que combinávamos de sair, e, enquanto eu me arrumava, ele começava a agir de um jeito estranho, ficava mais distante. Chegando ao local, a distância e a frieza dele aumentavam, sem que ele me comunicasse qualquer coisa. O motivo do incômodo e da estranheza dele era um mistério que me fazia trabalhar emocional, psíquica e verbalmente por ele. Eu me perguntava por que ele agia assim, me indagava o que eu havia feito, onde eu tinha errado ou se o havia magoado.

Em alguns momentos ele chegava perto de mim totalmente frio, muitas vezes sem sequer me olhar nos olhos, e, como se me desse uma dica amiga, dizia: "Seu peito está saindo do decote"; ou, mais grosseiro, para me constranger: "Você abaixou, sua saia levantou e todo mundo ficou olhando. Foi ridículo." Eu passava a noite inteira tentando entender o que havia acontecido, ia até ele e perguntava, mas ele não me respondia. Só fui entender depois que as coisas pioraram, mas começava ali o tratamento de silêncio, que sempre foi a sua arma mais eficaz contra mim.

No início, essa era a atuação em relação às minhas roupas: silenciosa e pontual. Com o passar do tempo começou a ser explícita. Antes de começar a dizer que eu me vestia como uma puta e que ele tinha vergonha de sair comigo, ele afirmou que o problema não eram as minhas roupas, mas o meu comportamento.

Ele sabia que não podia dizer que o problema era o meu decote ou a minha roupa curta, porque aquilo o colocaria no lugar de machista que ele não queria ocupar e que inclusive fazia questão de dizer que não era, uma vez que tinha uma mãe e uma irmã — como se os machistas nascessem de laboratório. Ele dizia que eu era muito expansiva e não tinha postura para me vestir com aquelas roupas, indicando que deveria ser mais quietinha e comportada, sem gesticular tanto. Depois passou a falar que eu não sabia identificar quando um homem dava em cima de mim, e que eu criava uma dupla abertura: minhas roupas chamavam a atenção, e o fato de eu ser muito simpática permitia a interpretação de que eu estava aberta para um flerte — mesmo que eu estivesse no mesmo ambiente que ele, com amigos em comum.

A intenção era causar em mim uma insegurança que me colocasse sob a tutela dele: eu não sabia me comportar, logo deveria recorrer a ele como um guia, que então me diria quais comportamentos eram adequados ou não. Eu não sabia identificar se um homem estava dando em cima de mim ou não, portanto não podia ficar longe dele ou interagir com homens em momentos em que ele não estivesse presente. Ele sempre fez questão de dizer que todas as pessoas percebiam que eu não sabia me portar com as minhas roupas e que achavam também que eu era expansiva demais. Sua intenção ao trazer outras pessoas — por mais que fosse uma mentira — para embasar a opinião dele sobre mim era fazer com que eu me preocupasse com a minha reputação, com a minha imagem diante dos outros.

Com o tempo, desenvolvi uma enorme ansiedade diante da presença de homens, porque passei a duvidar da minha capacidade de perceber se havia ali um interesse sexual ou não e, sobretudo, a desacreditar da minha capacidade de dizer não.

Foram meses nesse jogo de transferir para mim as inseguranças dele, meses em que fui me retraindo, me vigiando, sendo tomada pelo medo de fazer alguma coisa errada e desagradá-lo, o que poderia reverberar para ele sob a forma de insegurança, me sentindo totalmente responsável pela maneira como ele reagiria.

Depois que eu já estava vulnerável psicologicamente e duvidando de mim mesma, ele passou a ser mais enfático e cruel, afirmando que eu "me vestia como puta", que tinha vergonha de sair comigo, que minha maquiagem parecia "de traveco", uma expressão transfóbica e completamente inadequada. Um dia ele abriu meu armário e passou a listar quais eram as roupas que eu não devia usar. Eu, assustada e querendo que aqueles ciclos de tensão, culpa e desconforto acabassem, garanti que jogaria fora aquelas peças. Ele disse: "Eu não quero que você jogue fora; você precisa aprender a se comportar." Entendi que ele não queria o fim daquelas situações de suposto ciúme: queria a minha submissão a ele.

Com o tempo, o clima de tensão era constante e eu me sentia sempre vigiada e na expectativa de uma punição que viria com os dias de silêncio ou com a carga enorme de culpa que ele jogava sobre mim.

Quando tomei posse do cargo de professora da UFF, minha rotina passaria por uma mudança: a universidade ficava a trezentos quilômetros de onde eu morava, portanto eu viajaria essa distância toda semana para dar aula e voltaria para a cidade onde eu morava para continuar meus compromissos. Naquela época, eu tinha sete empregos: fazia o doutorado; tinha a clínica, onde atendia meus pacientes; administrava um empreendimento; dava aula na UFF, em um programa de pós-graduação; também dava aula numa universidade particular; e coordenava um grupo de pesquisa. E morava em duas cidades, metade da semana em cada uma. Era cansativo, mas era a realização de um sonho e eu me sentia muito feliz. Entretanto, ele não deixaria essa plenitude acontecer, porque sempre tinha que ser o protagonista de tudo.

Quando ele estava bêbado, falava para as pessoas com orgulho sobre o fato de eu ter apenas 25 anos e já ser professora de uma universidade federal; mas ele nunca disse isso diretamente para mim, sóbrio. Não havia na nossa relação elogio ou afeto vindos da parte dele. A nossa dinâmica de carinho era: ele me punia por alguma coisa qualquer, e depois, tão arbitrariamente quanto me punia, me absolvia, me desculpava e eu me sentia aliviada por ele ter suspendido o clima de tensão que pairava sobre nós. Nesses momentos de absolvição, ele era gentil e carinhoso — mas trataria de me cobrar depois.

Não levou muito tempo para que ele me culpasse e me punisse por passar metade da semana morando em outra cidade, alegando que eu não priorizava a nossa relação, só priorizava a mim mesma. Dizia que eu não o havia consultado sobre aceitar ou não a vaga de professora substituta na UFF, como se fosse possível recusar algo que era o meu sonho. Eu sabia que não estava em questão mudar a minha vida profissional para agradá-lo, mas isso não me impedia de me sentir culpada por priorizar a minha carreira.

Ele não queria que eu abandonasse a carreira acadêmica, porque ele mesmo se referia à minha trajetória profissional como um investimento para ele. Dizia que, quando fizéssemos 40 anos, ele se aposentaria e viveria do meu salário de professora titular, como uma forma de compensar os anos em que eu estivera ausente. Ou seja, o que ele queria não era que eu abandonasse a carreira, era apenas que eu me submetesse ainda mais ao controle e ao domínio dele. E foi o que aconteceu.

Culpas e dez-culpas

Os dias em que eu viajava eram tomados ou por um excesso de cobranças ou por uma completa ausência. Ele tinha o hábito de fazer muitas ligações e enviar muitas mensagens, me contava todo o seu dia e narrava detalhadamente os contratempos no trabalho, me encaminhando inclusive as trocas de e-mails entre ele e a equipe a fim de que eu aconselhasse como ele deveria agir. Nessas ligações ele também me utilizava como uma ancoragem emocional diante de pretensas crises de pânico.

Nos momentos em que eu parava tudo o que estava fazendo e escutava seus dramas pequeno-burgueses de pobre menino rico, ele me devolvia carinhos e agradecimentos; naqueles momentos em que o servia, eu era a mulher mais incrível do mundo. Foram muitas as vezes que eu saía no meio da aula para atender as ligações dele, que parava qualquer coisa que eu estivesse fazendo com medo da represália caso eu não atendesse.

No entanto, quando não podia atender ou dar a atenção que ele esperava, eu era uma egoísta cruel que havia abandonado aquele homem frágil à própria sorte. A resposta dele mais uma vez era o silêncio: eram três ou quatro dias sem dizer uma palavra, sem responder mensagens, sem qualquer ligação. Quando ele finalmente aparecia e eu estava liberada do castigo da sua ausência e frieza, ele me dizia que eu tinha feito a escolha de um namoro a distância sem o consentimento dele e que aquele era o preço que eu devia pagar.

Eram horas, muitas horas, em que ele palestrava sozinho dizendo como eu havia sido egoísta em escolher por mim e não por nós, como eu estava sendo cruel por não me importar com os sentimentos dele e como ele sentia falta de mim. Era difícil para ele não poder contar comigo nos momentos delicados que ele enfrentava quando eu estava longe. Eu não valorizava o amor dele.

Nesses momentos, ele provocava o que eu entendi depois como triangulação: ele me fazia sentir ciúme incitando uma disputa imaginária com alguma outra mulher. Primeiro, ele me fazia sentir especial, mas ameaçada: dizia que nunca tinha amado outra mulher como me amava, nem aceitado tanto as condições de outra mulher como aceitava as minhas. Ou seja, eu deveria agradecer o fato de ele ser meu namorado e de me escolher como única e especial diante de todas as outras. Depois ele provocava ciúme dizendo que uma determinada ex havia procurado por ele; se dizia carente de atenção e afirmava que, já que não podia ter acesso a mim, poderia acabar buscando outras pessoas.

Eu vivia amedrontada, temendo provocar ciúme nele. Ele me questionava se eu tinha alunos homens, e perguntava quem eram os professores que davam aula no mesmo curso que eu. Se estivéssemos ao telefone, passasse alguém e eu cumprimentasse, ele desligava na minha cara. Segundo ele, eu estava sendo duplamente desrespeitosa: falando com outra pessoa enquanto conversava com ele e dando conversa para outros homens — embora fosse apenas um cordial bom-dia ou boa-noite.

Eu voltava para casa dirigindo e falando com ele para que ele se certificasse de que eu estava de fato chegando em casa, e não indo para algum happy hour. Ficava apavorada quando algum aluno ou professor interagia comigo, com medo da reação dele, assim como ficava tensa diante de qualquer presença masculina num espaço comum em que estivéssemos.

Quando eu ficava sem bateria no celular, o que era muito comum de acontecer, eu já sabia que viriam dias e dias de silêncio e culpa. Ele me diria que eu era desorganizada e não me preocupava que ele pudesse querer falar comigo, que não estava pensando nele, que estava dando abertura para que ele desconfiasse de mim.

Toda essa atmosfera provocava em mim um senso de insuficiência e culpa que me empurrava a uma dedicação ainda mais ferrenha. Eu trabalhava 12 horas por dia em sete empregos, circulando por três cidades diferentes numa mesma semana, e, durante todos esses momentos, precisava atendê-lo e suprir suas necessidades.

No meu tempo livre, era com ele que eu estava, e em nome disso me afastei do convívio com os meus amigos porque precisava me dedicar a ele ou estaria automaticamente assinando o pacto de aceite daquele tratamento de silêncio e culpabilização.

Em nenhum momento da nossa relação ele me perguntou como eu me sentia ou se estava cansada, nunca se ofereceu para ajudar em nada que se referisse à minha rotina de modo a tornar mais leve o percurso. Muito pelo contrário: ele fazia questão de protagonizar todos os momentos e de tornar a rotina ainda mais pesada.

Quando eu voltava da cidade onde dava aula, ia direto para a casa dele, onde ele nem sequer me recepcionava: eu chegava e ele estava no quarto jogando videogame. Eu questionava essa falta de cuidado e atenção e ele alegava que o mundo não girava ao meu redor, que ele não iria parar a vida dele só porque eu acabara de chegar. Por escolher viver os rumos da minha vida profissional, eu era punida emocionalmente com desamor, culpabilização e tratamento de silêncio.

Às vezes, o tratamento de silêncio se dava quando estávamos juntos, nos fins de semana em que eu passava com ele e ele não trocava uma palavra sequer comigo, em jornadas diárias e noturnas jogando videogame enquanto eu ora me interrogava o que havia feito para merecer aquilo, ora achava que merecia mesmo ser tratada daquela forma por ser tão megera e egoísta e estar ausente da vida dele, priorizando a minha carreira.

Eu sentia falta de estar com os meus amigos e a minha família. Como ele me fazia sentir sempre em dívida, todos os meus momentos eram destinados a ele e ao que ele queria fazer. Quando eu queria estar com os meus amigos e família, era preciso topar um script: conversar com ele com muita antecedência e mostrar que estar naquele encontro era importante para mim. Eu ainda dizia que queria muito que ele fosse, apontava o que haveria de atrativo para ele no tal espaço, por exemplo, "Vai ter aquela cerveja que você gosta!" ou "O fulano que você conheceu aquele dia e gostou vai também!". E eu precisava "me comportar" até o dia do evento.

Ele estabelecia o que eu chamo de jogo dos pontos: arbitrariamente eu ganhava ou perdia pontos que se reverteriam em bonificações ou punições para mim. Se eu fizesse alguma coisa que o desagradasse, ele dizia explicitamente: "Você perdeu pontos comigo, agora a gente não vai mais naquele encontro!"; ou repentinamente eu era bonificada e ganhava pontos pelos quais não esperava: "Muito gostoso esse almoço que você fez. Você ganhou pontos!".

Durante toda a nossa relação eu tentei estabelecer uma lógica nesse sistema de pontuação, mas nunca descobri qual era a metodologia, porque ela não se repetia seguindo o mesmo critério: era puramente perverso, a fim de me manter sob a sua rédea.

Ao longo do tempo, o jogo de pontos foi perdendo força porque ele passou a ser ainda mais explícito. Ele começou a dizer que não iria encontrar os meus amigos porque eles eram chatos, que não queria encontrar a minha família porque era chato, que só iria viajar se eu pagasse a gasolina, que não iria sair comigo porque eu era chata.

Numa relação abusiva, a crescente da violência vai se dando de modo que, quando percebemos, tudo já escalonou muito rápido, e vamos perdendo a noção dos absurdos porque eles se naturalizam. Hoje eu conto a minha história tendo certeza de que desde o princípio havia uma manipulação que me deixava presa a ele baseada no sentimento de culpa, dívida e inadequação, mas levei muito tempo para perceber isso, para entender que nunca foi culpa minha e que, não importava o que eu fizesse, eu sempre seria culpada. Ele precisava de um culpado que justificasse a sua posição de injustiçado.

Depois de alguns anos, eu entendi que o que se passava naquela relação era um jogo sádico. Ele tinha prazer em me machucar porque naquele sadismo perverso havia um certo equilíbrio de forças no qual ele mantinha a verticalização hierárquica daquela relação: eu estava submetida a ele. Quando comecei a dar aulas na universidade, ele voltou a estudar também e retomou a faculdade que havia trancado, movido pelas provocações da família, que incendiava os ânimos com a ameaça de ciúme: "Agora a Manuela vai dar aula na faculdade e vai conhecer vários professores, vários alunos, não vai querer saber de você, que não tem nem faculdade. Abre o olho, hein?"

A intenção da família era estimulá-lo a retomar os estudos, mas o efeito que provocava era uma insegurança que me fazia ter pena e, por isso, me sentir ainda mais responsável por ele. Eu era constantemente lembrada pela família dele do quanto eu deveria conversar para que ele crescesse profissionalmente, o quanto eu era capaz de ajudá-lo a ter uma carreira mais estável. Eu era um grande presente na vida dele porque finalmente, agora que estava comigo, ele estava entrando nos eixos!

E eu abracei essa função, que já é tão naturalizada para as mulheres, de ser o centro de reabilitação dos homens. Eu o ajudei a escrever a monografia de conclusão de curso, o estimulei a fazer uma pós-graduação e, de fato, depois que surgi em sua vida, ele deu passos maiores em relação à própria trajetória profissional.

Mas nada era o suficiente para que eu parasse de ser cobrada e lembrada das minhas dívidas. Ele sempre encontrava uma nova forma de me colocar num lugar de submissão. O carro era um espaço de poder muito utilizado para reproduzir a cena de dominante-dominado e fazer valer a arbitrariedade de seu jogo de pontos. O carro era dele, um presente dado pela mãe; quando andávamos juntos, eu era proibida de fazer qualquer movimento em relação ao carro: não podia ligar, desligar ou mudar a temperatura do ar; não podia diminuir ou aumentar o volume do rádio, muito menos escolher a música que tocava.

Se eu encostasse no controle do som, ele me dava um tapinha na mão e dizia "Shhhiiiu, quando tiver o seu carro, você escolhe o que você quer ouvir." Não importava se eu estava falando ao telefone, ou se a música que tocava era um heavy metal pesadíssimo no último volume, ele permanecia sendo o dono do carro e eu apenas a acompanhante, alguém pegando uma carona. Eu me sentia humilhada, e, quando questionava, ele oscilava entre manter a grosseria dizendo que o carro era dele ou dar uma palestra afirmando que ele era uma pessoa musical, que a música influenciava o seu humor e que ele precisava ouvir naquela altura para não ficar mal-humorado.

De vez em quando ele me surpreendia. Entrava no carro com um sorrisinho e me dizia: "Pode escolher sua música hoje!", como se estivesse me dando um grande presente, um prêmio. E era assim mesmo que eu me sentia, agraciada por merecer escolher a música que iria tocar. Mas esse poder não durava muito, e a qualquer momento ele trocava a música dizendo que a que eu escolhera era muito ruim. Depois de um tempo, ele passou a ser mais categórico e a dizer que as minhas músicas eram uma merda, que ele não gostava de música brasileira, que era tudo um lixo, assim como também não aceitava assistir filmes nacionais porque achava uma porcaria.

Eu estava sempre à mercê das vontades dele, afinal de contas eu era a megera que tinha imposto a ele um relacionamento a distância.

No castelo do Barba Azul

Se o grande crime que eu cometia era estar geograficamente distante, entendi que morar junto seria uma forma de estar mais presente e poder dar a atenção que ele queria. Comecei a ansiar pelo dia em que finalmente íamos morar na mesma casa e assim poder viver uma relação tranquila, sem dúvidas ou cobranças.

Me enganei completamente, de novo. Ele nunca tinha saído da casa da mãe, enquanto eu já morava sozinha fazia dez anos. Entendi que eu precisaria ter paciência até que ele entendesse as implicações de cuidar de uma casa. Achei que, dentro do espaço seguro do lar, sairíamos daquela dinâmica bélica de poder em que ele precisava se reforçar como superior a mim a todo momento. Outro engano.

Meu contrato com a UFF havia terminado e eu finalmente não precisava mais me deslocar de uma cidade para outra. Eu, que pensei que minha penitência tinha acabado por não estar mais distante geograficamente, nem imaginava o que me aguardava: ele ainda não tinha me dado o troco como queria.

Agora que estávamos morando juntos e que eu estava mais do que nunca presa em sua teia, foi a hora dele reinar. Escolhemos um lugar que ficava a oito minutos andando do trabalho dele, e a duas horas do meu trabalho. A justificativa? Ele não estava disposto a sair do itinerário dele. Se quisesse morar com ele, eu que me adaptasse. Calculei que era melhor passar duas horas no trânsito indo e voltando diariamente do que viver dias de lamúria, chantagem emocional e culpabilização.

Ao longo da nossa relação, ele sempre me imputou duas incapacidades: eu não sabia dirigir e não sabia gerir o meu dinheiro. Mas, eu sempre dirigi, desde os 18 anos, e nunca me envolvi em qualquer acidente de carro; e sempre ganhei muito mais que ele — o triplo, para ser mais precisa. Ele afirmava aquilo tão categoricamente que eu acreditava.

Passei a repetir que não sabia mesmo dirigir, que eu era um fracasso no volante, e isso foi muito confortável para ele, porque assim não disputávamos o carro: o carro era dele e só ele dirigia, eu não. Então ele fazia o trajeto da nossa casa até o trabalho dele, que levava oito minutos a pé, de carro, e eu fazia o trajeto da nossa casa até o meu trabalho, que levava duas horas no trânsito, de ônibus.

Também era interessante ele dizer que eu não sabia cuidar da minha gestão financeira, porque assim era ele quem tomava conta do meu dinheiro. Ele nunca teve acesso à minha conta bancária, mas era ele quem fazia o orçamento da casa e dizia com quanto cada um de nós deveria contribuir: eu era responsável por 70% do valor das contas totais, incluindo os custos com o carro que eu nem sequer dirigia, e ele pelo restante. Não contestei; de alguma forma muito estranha eu achava aquilo justo: achava que ele entendia mais de finanças do que eu e que eu realmente não tinha capacidade de dirigir. O que ele decidisse seria o bom e o justo.

Como não precisava mais viajar, eu tinha uma rotina de trabalho muito mais tranquila agora, então podia me dedicar às tarefas domésticas e aos cuidados com a casa. Mas não achava justo que, numa casa em que moravam dois, apenas eu realizasse todas as tarefas. Ele dizia que não tinha talento nem interesse para as tarefas domésticas e que eu era muito chata e exigente; portanto, se quisesse daquele jeito, eu que fizesse sozinha.

Tentei de muitas maneiras fazê-lo se responsabilizar por alguma coisa, mas a cada tentativa ele vinha com um malabarismo discursivo e manipulador. Chegou a me propor que fizéssemos uma tabela no Excel para calcular quanto tempo livre cada um tinha e quanto tempo levava cada tarefa doméstica, assim poderíamos fazer uma distribuição mais justa.

Não importava qual era o método, eu sempre perdia. Na tabela que ele preenchia, ele reservava as horas em que ficava no bar depois do trabalho como tempo indisponível para as tarefas domésticas, enquanto eu não tinha horas livres. Com isso, eu tinha muito mais horas disponíveis do que ele, mesmo trabalhando muito mais.

O argumento passou a ser que meu trabalho era muito fácil e muito simples, que não gerava grandes problemas, porque atender pessoas era como ouvir histórias, diferente do trabalho dele, que o fazia lidar realmente com problemas de verdade. A casa passou a ser um espaço de tensão e guerra, e ele encontrou um jeito de me colocar no lugar da esposa chata, que só cobra e reclama. Ele bebia todos os dias e não colaborava com nada. Quando eu apontava que em uma semana ele não tinha lavado louça nenhuma vez e tinha ido cinco vezes ao bar, ele dizia que eu estava louca. Cheguei a fazer uma planilha em que marcava um X a cada dia que ele ia para o bar, como uma forma de provar que eu não estava louca. Dos 21 dias que contei, em 19 ele foi para o bar e chegava em casa completamente alcoolizado. Quando mostrei a planilha, ele dizia que eu era louca por ter chegado àquele ponto. Eu era louca de qualquer jeito.

Ele começou a ficar ainda mais introspectivo e enraivecido; o ciúme e a demanda por atenção deram lugar a rotinas de desprezo e humilhação. Ele dizia que não tinha tesão em mim porque eu era chata, falava que eu havia engordado demais e que isso acabava com todo e qualquer desejo; alegava que eu não sabia beijar e isso o fazia brochar. Fiz uma dieta res-

EU (SOBRE)VIVI: ABUSO, FÚRIA E DESPERTAR 33

tritiva e perdi 16 quilos, e ele garantia que para ficar melhor eu precisava perder mais dois.

Passou a dizer constantemente que eu era chata e desinteressante e que ninguém mais iria me suportar, exceto ele. Àquela altura, eu começava a perceber as arbitrariedades dele e passei a contestar, apresentando fatos e argumentos, às vezes provas, como imagens e vídeos. Ele sempre me fazia duvidar do que eu estava falando, como se eu estivesse interpretando errado a realidade, acusando-o de dizer coisas que não havia dito. Na verdade, eu passei a usar as armas dele contra ele mesmo, e isso foi causando em mim uma despersonalização. Deixei de ser eu mesma e passei a ser alguém que argumentava nos termos dele; e assim eu me tornei uma versão torta dele mesmo.

Para provar que ele não lavava a louça, passei a lavar apenas aquela que eu usava, e deixava acumular a dele, até a pia ficar lotada de pratos com restos de comida que chegaram a provocar uma infestação de larvas. Para provar que ele não lavava roupa, passei a lavar apenas a minha. Durante quarenta dias, ele não lavou uma peça sequer. Abri o armário dele e haviam sobrado apenas quatro camisas.

Comecei a questionar o que eu fazia ali, sufocada por aquela casa e por aquela relação na qual tinha que provar algo a todo momento, duvidando da realidade que eu vivia: ele era podre assim ou eu é que era chata demais? Entendi pouco tempo depois que eu fazia aqueles experimentos para provar a mim mesma que o que eu vivia era inaceitável.

Eu estava concluindo o doutorado, escrevendo a minha tese e por um mês me dediquei totalmente a essa escrita, dormindo apenas três horas por noite e dando conta das tarefas de casa e do trabalho, sem qualquer participação ou colaboração dele em nada. Um dia disse que estava cansada e exausta, com uma sensação de que não iria dar conta, e o melhor que ele conseguiu responder foi: "Bem-feito. Você faz as suas escolhas, deixa tudo pra fazer em cima da hora, é isso que dá."

Uma vez fui acionada judicialmente de modo totalmente injusto e desproporcional, por causa de uma situação em que eu havia denunciado o machismo estrutural. Eu estava assustada, nunca havia sido processada, sentia um misto de medo e revolta. Ele saiu do trabalho no meio do dia e foi para casa, mas antes passou no bar e comprou quatro cervejas. Fez algumas ligações e, de pernas cruzadas na poltrona da varanda, com uma mão segurando a cerveja e na outra o cigarro me disse, com um olhar sádico: "É... Agora, com esse processo, você enterrou de vez a chance de prestar concurso público." Chorei a noite inteira no sofá enquanto ele fumava e bebia na varanda.

Eu já não tinha nenhuma autoestima, me via deprimida, descrente de mim mesma, vivendo uma solidão sem fim naquele apartamento e com muita vergonha de contar para as pessoas o que eu passava. Meus amigos e a minha família me sentiam distante e eu respondia que era por conta do trabalho. Passei a ir sozinha a eventos sociais porque ele já não fazia questão de ir comigo nem de me subjugar mais aos seus jogos emocionais.

Em algum momento da nossa relação, adotamos um cachorro, um pitbull grande. Sempre fui apaixonada por cachorros e quando fomos morar juntos sugeri que adotássemos um; ele negou, dizendo que não gostava de vira-latas, que só aceitaria se fosse um cachorro de raça. Passei semanas tentando convencê-lo de que o comércio de animais era cruel e que havia muitos cachorros abandonados à procura de um lar, enviei muitas fotos de cachorros para que eventualmente ele se afeiçoasse a algum. Ele se convenceu da adoção, mas impôs uma condição: tinha que ser um grande, porque ele, um homem, não iria passear na rua com um cachorrinho. Como quem, na hora de me ofender utilizava termos transfóbicos para se referir à minha maquiagem, ele realmente comprovava seu machismo ao dizer que um homem que passeia com um cachorro pequeno tem sua masculinidade posta em xeque.

Finalmente eu havia encontrado um cachorro, um pitbull grande, vindo de uma história de maus-tratos. De certa forma, eu me vi ali naquele cachorro: grande, com altíssimo potencial para a agressividade, mas ferido, vulnerável, machucado, assustado. Adotamos, e eu, desnutrida emocionalmente, queria dar um nome que fizesse referência às minhas origens, à cidade de onde eu vim, Campos dos Goytacazes.

No dia do meu aniversário, entre amigos e a presença sempre incômoda e pouco simpática dele, começamos a pensar no nome do cachorro: "Chuvisco!", "Garotinho!", "Poquinha!". Poquinha foi um nome que provocou ressonâncias entre nós, amigos campistas — é assim que nós chamamos o biscoito de polvilho salgado. E ele, diante dos meus amigos gays, me repreendeu: "Poquinha não, muito aviadado esse nome! Coloca Poc então!" Rimos muito e ficou Poc. Ele não sabia quando deu a sugestão, mas "poc" é o termo usado para se referir a um homem gay muito afeminado. Ele, um machista que queria um cachorro grande, teria um pitbull chamado Poc.

Poc sofria de ansiedade de separação. Sempre que ficava sozinho, chorava, latia, roía a porta, se machucava, e chegou a abrir um buraco na madeira da porta de entrada do apartamento. Instalei uma câmera em casa a fim de monitorá-lo e contratei um adestrador para tentar resolver o problema, porque era uma grande preocupação ter um cachorro que sofria desse transtorno. Muitas vezes eu estava no consultório, a duas horas de casa, e o porteiro ligava dizendo que ele tinha fugido pelo buraco da porta e se machucado todo; outras vezes o vizinho ligava dizendo que ele estava com o focinho sangrando no remendo de madeira que fizemos na porta.

Meu ex, que trabalhava a oito minutos andando de onde morávamos, só foi para casa uma vez para acudir o cachorro, e assim que eu cheguei ele disse: "Esse BO é seu. Você quis esse cachorro, você que se vire. Eu não vou mais sair do trabalho." Passei a levar Poc para o consultório, e ele ia comigo para todos os lugares. Eu era responsável por ele e era com ele que eu me nutria do carinho que não tinha naquela relação. O meu ex, que disse que não passearia na rua com um cachorro pequeno, também não passeou com o cachorro grande. Nunca deu os remédios que precisavam ser dados, e teve um fim de semana em que eu viajei para dar aula e quando voltei Poc não tinha comido porque ele não tinha comprado ração.

Algumas vezes eu era surpreendida com a notícia do corte de luz, gás ou internet, que estavam em atraso por meses. Ele, que era o responsável pela gestão financeira da casa, simplesmente não pagava as contas, apesar de todo mês eu transferir para ele os 70% da minha parte nas contas. Para aceitar a adoção do cachorro, ele colocou como condição se isentar de qualquer custo financeiro com Poc; então, além dos 70% das contas da casa, eu era responsável pelas despesas do cachorro e por pagar a diarista para me ajudar com as tarefas, uma vez que ele nada fazia.

O início de um despertar

Um dia, fui viajar com a minha família e durante essa viagem li o livro *Mulheres que correm com os lobos*.[2] Nunca viajei tão para dentro de mim mesma como nessa leitura. Descobri que estava refém no castelo do Barba Azul, e o livro me fez abrir a porta dos ossos: eu não podia mais desver o que estava vendo. Eu queria cantar sobre os ossos, encontrar a mulher selvagem em mim, voltar a ser dona de mim, sentir prazer e liberdade.

Aquela viagem para um lugar com neve me fez ver o frio e o deserto que eu vivia, me fez olhar para mim mesma e enxergar a urgência do calor, da vida, da chama do desejo. Eu me sentia destruída, com a autoestima em frangalhos, experienciando um sentimento de incompetência e tristeza; e, depois da viagem, voltei acesa de novo.

Já fazia um tempo que eu trabalhava na análise as problemáticas daquela relação, e fui encontrando as pontes que me levaram até ali. Entendi que a culpa que sentia vinha daquela outra relação, de uma culpa estrutural do que é ser mulher numa sociedade patriarcal, ou seja, em um sistema social baseado em uma cultura, estruturas e relações que favorecem os homens, em especial, homem branco, cisgênero e heterossexual. Fui me enchendo de força, e, olhando para Poc com tanta força quebrando todas as portas, me senti encorajada a quebrar as portas daquele cativeiro emocional em que eu vivia também. Voltei de viagem e disse a ele que queria me separar.

Ele impôs sua presença naquela casa por mais alguns dias, foi viajar e não deu notícias. Entendi que estávamos de volta ao jogo de poder que ele fazia, em que era ele quem iniciava a tensão e decidia também quando ela acabava. Como no conto, eu já estava vestida com a minha pele de foca, já estava atenta como uma loba para as armadilhas dele, então me antecipei. Num ato catártico, coloquei todas as roupas e objetos dele em sacos plásticos pretos, desses que se usam para guardar lixo ou um cadáver, guardei tudo dentro do carro dele e deixei a chave na portaria. Ele voltaria de viagem e não entraria mais na minha casa, nem na minha vida.

---

[2] ESTÉS, Clarissa Pinkola. *Mulheres que correm com os lobos*. Trad. Waldéa Barcellos. Rio de Janeiro: Rocco, 2018.

EU (SOBRE)VIVI: ABUSO, FÚRIA E DESPERTAR

Nunca mais o encontrei, mas algumas notícias chegavam até mim. A tensão da separação perdurou por um tempo e ele teve alguma dificuldade de me enxergar fora das lentes da submissão. Eu estava desperta e atenta, insubmissa às chantagens dele, desobediente aos seus comandos; e ele já não tinha mais vocabulário para exercer qualquer domínio sobre mim. Mas naquela altura eu ainda não sabia que havia vivido uma relação abusiva; estava muito ocupada tentando sobreviver, reunindo os cacos que sobraram de mim depois de tanta manipulação psicológica. Eu achava que era apenas uma relação muito ruim com uma pessoa muito escrota e problemática. Foi só depois de alguns meses, trabalhando em análise os efeitos daquela relação, que consegui ligar os pontos, ressignificar tudo que tinha acontecido nos últimos tempos.

Eu achava que sabia o que era uma relação abusiva, mas não sabia o que era violência psicológica, tratamento de silêncio, *gaslighting* (uma forma de abuso psicológico em que informações são manipuladas ou distorcidas, causando instabilidade emocional). Eu sabia que violência física e sexual deixavam marcas físicas e psicológicas, mas não sabia que violência psicológica também deixava cicatrizes. Por muitos anos, eu lidei com os danos de ter vivido aquela relação: baixa autoestima, insegurança, me desculpava por tudo, pedia autorização para qualquer coisa, não confiava na minha percepção sobre as coisas e duvidava até mesmo do que eu contava que havia acontecido. "Será que foi tudo isso mesmo?"; "Mas eu também provoquei, né? Fiz por merecer!"; "Coitado, ele é muito problemático, cheio de *daddy issues* e traumas. Ele não tem culpa!".

Até hoje, enquanto escrevo estas palavras com total certeza sobre o que aconteceu e sabendo nomear cada uma das violências vividas — muitas delas não contadas aqui —, ainda me vejo em dúvida. Até hoje, depois de já ter conversado com duas ex-namoradas dele anteriores a mim e saber que elas passaram o mesmo que eu, ainda duvido do que aconteceu. Até hoje, depois de recentemente ter conversado com uma moça com quem ele teve um breve relacionamento, que me mostrou o *print* das conversas entre os dois, e de ver que ele segue fazendo tudo que fez comigo, eu ainda duvido.

Será que somos todas megeras perversas e ele é um menino injustiçado? Como eu pude ter ficado tanto tempo vivendo tanta dor? Por que eu não consegui ir embora antes? O que teria acontecido se eu tivesse permanecido ali? E se tivéssemos tido filhos? E se eu tivesse cedido ainda mais às chantagens dele e não tivesse assumido meu cargo depois de passar no concurso? O que mais eu teria perdido? Qual foi o véu que me manteve ali, todo aquele tempo? Era o véu da feminilidade.

Compartilhar o meu caso com outras mulheres, construir uma grande rede de apoio e elaboração com elas, me levou a estudar mais a fundo o feminismo, as performances de gênero e seu papel em relacionamentos. Eu me tornei especialista nas artimanhas masculinas porque entendi como a história das mulheres se cruza com a dominação masculina. Hoje eu sei de onde vem tudo isso e entendo que sobrevivi a um projeto feito do início ao fim para que eu sucumbisse.

Por que o despertar é urgente?

Belo Horizonte, 2010. Maria Islaine de Morais é assassinada com nove tiros, dentro de seu salão de beleza, pelo ex-companheiro, Fábio Willian da Silva Soares, depois de já ter registrado na Delegacia da Mulher oito denúncias que viraram três inquéritos policiais instaurados e cinco medidas protetivas. Vale do Mucuri, 2017. Laís Andrade Fonseca chama a polícia depois de descobrir que o ex-companheiro instalou câmeras em seu banheiro. A polícia coloca Laís e o ex-companheiro, que não teve a identidade revelada, dentro da viatura para o registro da denúncia. Ele a assassina a facadas dentro da viatura da PM. Cuiabá, 2022. Liliane Barbosa da Silva é encontrada morta, esfaqueada dentro de casa pelo ex-companheiro, que também não teve a identidade revelada, depois de registrar contra ele duas denúncias e de obter uma medida protetiva. Pirassununga, 2018. Um vídeo viraliza na internet e assistimos a uma mulher desesperada pedindo socorro em cima de um carro. Ela diz que está sendo ameaçada, que já registrou diversos boletins de ocorrência e que tem uma medida protetiva. Dezenas de pessoas passam pela rua, o vídeo foi assistido milhares de vezes. Ninguém fez nada. Dias depois, sabemos que Tanya Trevisan é a mulher que pedia socorro, e agora estava morta, encontrada estrangulada em sua chácara. As denúncias e a medida protetiva eram contra seu ex-companheiro, um caseiro com quem Tanya havia mantido uma relação e que foi preso, suspeito do feminicídio.

EU (SOBRE)VIVI: ABUSO, FÚRIA E DESPERTAR

Esses casos mostram que não basta sair da relação, nem apenas denunciar. Esses casos mostram que antes do gatilho apertado ou da faca empunhada havia uma trilha de episódios violentos que ninguém viu. Por que a identidade desses homens é preservada? Estamos preparados para enxergar o agressor entre nós? Estamos preparados para nos responsabilizarmos como sociedade pela segurança e pela vida das mulheres? Afirmo: este livro é um manifesto. Por mim, por Tanya, por Liliane, por Laís, por Maria, por todas nós. É preciso falar sobre relacionamento abusivo.

Ninguém é a favor do feminicídio, mas pouco se fala do que vem antes do assassinato de uma pessoa apenas por sua condição de ser mulher. A violência contra a mulher é um problema social e cultural e está estruturada sobre as fundações fortes do patriarcado. Entretanto, são muitas as violências que antecedem a notícia que lemos no jornal: "Mulher é morta a tiros pelo ex-marido." Segundo dados do Alto Comissariado das Nações Unidas para os Direitos Humanos, o Brasil ocupa o quinto lugar no ranking mundial do feminicídio,[3] e esse triste dado escancara uma realidade muito mais complexa do que parece: a violência doméstica, oriunda da violência de gênero, tem seu ponto de origem no começo da vida de meninas e meninos socializados na matriz cis-heteropatriarcal que impõe performances de gênero limitadas e violentas.

Se as meninas são criadas para serem princesas e os meninos para serem heróis, o que essa narrativa produz é a fragilidade e dependência das meninas e a supremacia poderosa dos meninos, fazendo com que elas, tal como as princesas das histórias que conhecemos, precisem ser salvas por eles, estes sim heróis corajosos e independentes. Entretanto, se em tese essa socialização prevê a crença popular de que "os meninos protejam as meninas porque elas são mais frágeis", na realidade o que encontramos é a violência.

Os dados alarmantes do *Anuário Brasileiro de Segurança Pública de 2021*.[4] apontam que 74,7% das vítimas de feminicídio são mulheres jovens, com

---

[3] "ONU: Tara de feminicídios no Brasil e quinta maior do mundo; diretrizes nacionais buscam solução", *Nações Unidas Brasil*, 9 abr. 2016. Disponível em: <https://brasil.un.org/pt-br/72703-onu-taxa-de-feminicidios-no-brasil-e-quinta-maior-do--mundo-diretrizes-nacionais-buscam>.

[4] FÓRUM BRASILEIRO DE SEGURANÇA PÚBLICA. *Anuário brasileiro de segurança pública 2021*. Disponível em: <https://forumseguranca.org.br/anuario-14/>.

entre 18 e 44 anos. 81,5% delas são mortas pelos companheiros ou ex-companheiros. Na maioria dos casos, em 55,1% deles, com arma branca, o que adiciona uma cota a mais de ódio e crueldade. Entre essas mulheres, 61,8% são negras, um dado que nos lembra que entre 2009 e 2019, segundo dados do *Atlas da Violência 2021*,[5] a taxa de mulheres negras vítimas de feminicídio aumentou 2%, enquanto a de mulheres não negras diminuiu 26,9%.

O que esses dados nos dizem? Eles são, sobretudo, uma denúncia: numa sociedade que produz princesas fragilizadas a serem salvas por heróis viris, os homens estão matando as mulheres. E mais ainda: não haverá avanço feminista enquanto não houver eficácia na luta antirracista.

Este livro nasce da indignação diante desses dados e da revoltante constatação contida neles: o feminicídio é o último ato na cadeia da violência contra a mulher. Antes dele, muitas são as camadas de violência: verbal, psicológica, sexual, patrimonial. E todas elas começam e são cometidas em nome do amor e nos são apresentadas já na matriz familiar, onde aprendemos a confundir amor e abuso.

Ter conhecimento de que abuso não é amor empodera as mulheres. E quantas mulheres estariam vivas hoje se nós, como sociedade, educássemos os meninos fora da masculinidade tóxica e violenta? Quantas vidas salvaríamos se saíssemos do engodo binário da masculinidade e feminilidade, apostando num caminho menos fálico para os meninos e garantindo que as meninas possam ser o que quiserem ser? Como seria o mundo se rompêssemos com a dominação masculina? Como é possível nos comprometermos com a vida das mulheres?

Com este livro, eu aposto nos relacionamentos amorosos como o ponto de origem de uma série de violências que nos submetem e nos aniquilam como sujeitos e que é urgente nomear: relacionamento abusivo. Antes do feminicídio, há o relacionamento abusivo. Antes de experimentarmos a sexualidade, de desenvolvermos a gramática da afetividade nas relações, todos os caminhos nos conduzem, homens e mulheres, ao relacionamento abusivo.

---

[5] INSTITUTO DE PESQUISA ECONÔMICA APLICADA (Ipea). *Atlas da violência 2021*. Disponível em: <https://www.ipea.gov.br/atlasviolencia/arquivos/artigos/1375--atlasdaviolencia2021completo.pdf>.

Localizo as relações abusivas como um campo central que conduz a feminicídio, empobrecimento de mulheres, maternidade compulsória, adoecimento psíquico feminino, uma radical crise na autoestima que faz movimentar a busca insana das mulheres por uma imagem perfeita, e o retrocesso no já lento avanço da ocupação feminina no poder político e econômico.

Dito de forma ainda mais explícita, a relação abusiva é a produção mais visceral da esquina entre capitalismo e patriarcado, porque mantém as estruturas de poder no âmbito da dominação masculina. A filósofa Silvia Federici entende que o corpo da mulher é a última fronteira de conquista do capital, e ela discorre sobre essa ideia no livro *Calibã e a bruxa*,[6] marcando as maneiras como a história moderna do capitalismo se dá por meio da exploração das mulheres, transformando esses corpos em propriedades privadas dos homens.

Se nós, mulheres, aprendemos a existir entendendo que nosso sucesso na vida se resumiria ao casamento e aos filhos e que, portanto, o nosso objetivo de vida seria ser escolhida por um homem e elevada por ele à dignidade da posição de sua esposa, direcionamos desde cedo todos os nossos esforços em direção a essa meta. Deixamos de descobrir quais são as coisas de que gostamos e passamos a nos perguntar se os meninos vão gostar de nós se nos comportarmos de um jeito ou de outro; deixamos de direcionar nossa capacidade produtiva e criativa para os nossos sonhos e projetos e passamos a destinar uma vida a aprender técnicas sexuais e culinárias para conquistar um homem ou a fazer cursos para salvar o casamento.

Enquanto nós, mulheres, despendemos todos os nossos esforços para sermos escolhidas, para agir como a esposa ideal e a mãe perfeita, para tolerar os incômodos e desconfortos aos quais somos submetidas cotidianamente; enquanto estamos distraídas acolhendo os homens, ouvindo suas mazelas, sendo a sábia mulher que edifica o lar, eles estão sendo promovidos no trabalho e avançando na esfera política ao tomar as decisões que concernem a nós.

---

[6] FEDERICI, Silvia. *Calibã e a bruxa*. Trad. Coletivo Sycorax. São Paulo: Elefante, 2019.

A riqueza dos homens é produto do trabalho doméstico e afetivo incessante e não remunerado das mulheres, como aponta Silvia Federici também em *Calibã e a bruxa*, e essa desigualdade é também abusiva. O casamento é a marca institucional da mulher como propriedade privada do homem, uma vez que, assim como um bem, ela carrega o sobrenome de seu proprietário.

O que leva alguém a aceitar tanta renúncia? Podemos concordar que nenhum homem aceitaria o que é difundido e naturalizado como um comportamento feminino: viver sob uma vigília constante em relação à própria aparência sob o medo de ser rejeitado por não estar no padrão de beleza vigente; abrir mão de seus desejos e planos para ser um eterno coadjuvante na vida de alguém; moldar o próprio comportamento a fim de oferecer a própria vida a serviço de alguém. Repito a pergunta: o que leva alguém a aceitar tanta renúncia? O amor.

Entre 2001 e 2002, uma novela de grande sucesso foi exibida na TV aberta e se propunha a trazer um diálogo entre o antigo e o moderno. *O Clone*, uma novela de Glória Perez, falava sobre o amor impossível entre os protagonistas Jade e Lucas. A novela pretendia apresentar um paradoxo: de um lado, uma cultura machista muçulmana retrógrada dos casamentos arranjados; do outro, o Ocidente tecnológico, capaz de inventar um clone humano.

Essa novela, assim como qualquer produção midiática de grande difusão, marca a subjetividade de uma época. Em 2001 estávamos no início do século XXI, um tempo voltado para o futuro e para a evolução, e o que assistimos na novela era um romance impossível entre dois personagens, embalado por uma canção que diz em seu refrão:

> Somente por amor a gente põe a mão no fogo da paixão e deixa se queimar. Somente por amor movemos terra e céus, rasgando os sete véus, saltamos do abismo sem olhar pra trás. Somente por amor, a vida se refaz e a morte não é mais pra nós.[7]

---

[7] VIANA, Marcus. "A miragem". In: *O clone*: Trilha sonora nacional. Rio de Janeiro: Som Livre, 2002.

Essa composição de Marcus Viana embalou o romance de Jade, uma muçulmana com a liberdade cerceada por estar inserida em uma cultura dentre várias que ainda entende as mulheres como inferiores aos homens, e Lucas, um homem ocidental que será clonado num embrião que será inseminado em Deusa, uma mulher negra que não sabe que carrega em seu ventre um clone. De um lado Jade, impedida de viver um amor porque está designada a um casamento arranjado, no qual deve cumprir seu destino de ser uma boa esposa e dona de casa e, ainda, um ventre fértil. Do outro lado, uma mulher negra sendo inseminada com um clone sem o seu consentimento e anuência.

São muitas as aproximações entre Oriente e Ocidente no que se refere à posição social da mulher, entendida, como aponta Simone de Beauvoir em *O segundo sexo*,[8] como uma pessoa inferior, de uma categoria abaixo da dos homens. Se a novela buscava trazer um paradoxo entre Ocidente e Oriente, entre o que normalmente se entende por retrógrado e tecnológico, só provou que, no que se refere à posição feminina, não importa quais sejam o tempo e o lugar, as mulheres são sempre tomadas como propriedade dos homens.

Eu trouxe à tona a novela *O Clone* a fim de lançar luz sobre um terreno fértil e poderoso em que a dominação masculina também estendeu seu poder: o amor. Se vamos falar sobre relações abusivas e se entendemos que essas relações se dão nos enlaces amorosos, é preciso compreender qual é a noção de amor que está sendo veiculada na cultura. A música que embala o romance de Jade e Lucas nos ensina sobre essa problemática definição de amor que está na base do abuso. Se amar é se queimar e se jogar no abismo, o amor não preserva a vida; muito pelo contrário, empurra para a morte, é sacrifício. Se o amor requer que se movam terras e céus, que se rasguem os véus, não é amor, é desejo de transformação extrema.

A definição de amor veiculada na música dessa novela que marcou uma geração dialoga com homens ou mulheres? Quem se queima no fogo da paixão? Quem se joga do abismo em nome do amor? As mulheres. São as mulheres que passam uma vida inteira dispostas a superar qualquer coisa em nome do amor, como se o amor fosse um prêmio, um alívio, um lugar

---

[8] BEAUVOIR, Simone de. *O segundo sexo*. Trad. Sergio Milliet. Rio de Janeiro: Nova Fronteira, 2014. *E-book.*

seguro. Entretanto, o que elas seguem encontrando é mais sofrimento e ainda mais submissão.

E os homens? Essa definição de amor embasou a justificativa de "crime passional" para falar dos homicídios de mulheres perpetrados por seus companheiros e ex-companheiros. Seja por ciúme ou por não aceitar o fim do relacionamento, havia sempre uma brecha para dizer que aquele homem era apaixonado pela mulher, que ele agiu "em nome do amor".

Foi a partir de 2015, com a qualificadora do feminicídio, que, no Código Penal, o crime de homicídio passou a ser punido com uma pena mais grave se tiver sido cometido em razão da condição de ser mulher e passamos a ter respaldo jurídico para entender esses crimes fora do espectro do amor, como crimes de ódio. Ninguém mata uma mulher por amor, porque amor não agride, não subjuga e não violenta. Olhando com cuidado e com alguma sensibilidade para os crimes de feminicídio, o que vamos encontrar é de fato muito ódio, raiva, violência, crueldade e perversidade, e isso tem um nome: misoginia.

Os dados apontam que a maior parte dos crimes de feminicídio é cometida com armas brancas, o que requer a dominação da vítima e uma carga intensa de agressividade que não visa apenas matar, mas causar sofrimento, desfigurar, mutilar, destruir, humilhar. Esse ato em que um homem se sente no direito de pôr fim à vida de uma mulher é apenas o último e mais radical de uma cadeia de comportamentos que compreende a mulher como subordinada ao homem.

Essa é a definição de misoginia: repulsa, desprezo e ódio pelas mulheres; e a misoginia só existe a partir de uma divisão binária e sexista que coloca a mulher em posição de subalternidade em relação ao homem, e por isso mesmo objetificada e desumanizada.

As mulheres entendem que é o amor que as humanizará; que, quando forem amadas por um homem, serão respeitadas e protegidas. O livro *Amar para sobreviver*,[9] de Dee L. R. Graham, traz uma provocação lógica: se quem nos mata, agride e violenta são os homens, por que ainda os amamos? A autora traz o conceito de síndrome de Estocolmo para o cenário

---

[9] GRAHAM, Dee L. R. *Amar para sobreviver:* mulheres e a síndrome de Estocolmo social. São Paulo: Cassandra, 2021.

dos relacionamentos amorosos, apontando que as mulheres buscam ser amadas pelos homens para sobreviver, para escapar de suas violências. Os relacionamentos heterossexuais são, portanto, uma espécie de milícia, na qual nos submetemos aos homens para fugir dos perigos que os homens nos oferecem.

Entretanto, veja que contrassenso: tememos o estuprador encapuzado na rua escura, mas os dados nos mostram que 75,9% das mulheres vítimas de estupro conheciam seus agressores: eles eram seus familiares, amigos ou companheiros. No relatório do *Anuário Brasileiro de Segurança Pública de 2019*,[10] de onde tirei esses dados, vemos também que a violência sexual cometida contra as mulheres atinge, em sua maioria, meninas: em um país que notifica 180 estupros por dia, 53,8% das vítimas tinham até 13 anos.

Nós nos relacionamos com os homens para nos sentirmos seguras e protegidas e somos também agredidas e mortas por eles: *o Anuário Brasileiro de Segurança Pública 2019* indica que a cada dois minutos uma mulher sofre violência doméstica e que, nos casos de feminicídio, em 88,8% dos casos o autor foi o companheiro ou ex-companheiro da vítima. Essas estatísticas só mostram que o perigo mora em casa e que as mulheres não estão seguras em seus próprios lares, fortalecendo a tese sustentada aqui neste livro de que o relacionamento abusivo é um projeto social que mantém a dominação masculina com base nos ideais de obediência, subalternidade, feminilidade, docilidade e domesticidade impostos às mulheres, e retirando delas a potência criativa, humana e produtiva.

Além de todo esse contexto que aproxima amor e violência, ainda é necessário discorrer sobre o amor de uma perspectiva crítica, uma vez que na sociedade moderna o amor tem função civilizatória e segregante.

O acesso ao amor não é dado para todos; aprendemos desde cedo quais corpos são dignos de amor, cuidado e admiração e quais serão os corpos marginalizados, que receberão desprezo e violência. Aqui dialogam Valeska Zanello, com o conceito de prateleira do amor, em seu livro *Saúde mental,*

---

[10] FÓRUM BRASILEIRO DE SEGURANÇA PÚBLICA. *Anuário brasileiro de segurança pública 2019*. Disponível em: <https://forumseguranca.org.br/anuario-13/>.

gênero e dispositivos,[11] e Judith Butler, com o conceito de luto e vidas enlutáveis, em *Vida precária*.[12] Numa sociedade de gestão neoliberal, o amor é um item de consumo: confere status e poder, portanto não é acessível a qualquer pessoa.

Ensinamos que os meninos merecem ser amados e admirados e que as meninas devem servir, e dizemos que essa é a definição de amor para as mulheres: cuidar e servir. Dessa forma, não ensinamos os homens a amar as mulheres, mas sim a se servir delas; assim como não ensinamos as mulheres a amar a si próprias, nem a um homem, mas amar a ideia de serem escolhidas por um homem.

Nessa cruzada pelo amor, além de encontrarmos abuso e desencontro, o que vemos também é uma grande exclusão. Se em todas as narrativas produzidas sobre o amor figuram protagonistas heterossexuais, magros, brancos, jovens, absolutamente dentro dos padrões, que vivem seus percalços mas caminham em direção ao "felizes para sempre" do amor romântico, entendemos que a experiência do amor não está disponível para corpos LGBTQIAP+, para pessoas negras, pessoas gordas ou pessoas com deficiência.

Esse monopólio das experiências de afeto a partir da matriz heteronormativa interessa e serve ao patriarcado, pois mantém as mulheres numa ameaça constante da solidão. Nesse caso, a tese do "antes só do que mal acompanhada" se transforma em seu avesso: antes mal acompanhada do que só. É essa a justificativa que encontramos em muitas mulheres que vivem uma relação fracassada: o medo de ficarem sozinhas e aí sim serem lidas como fracassadas, ou a crença de que todo homem é problemático, então é melhor ficar com aquele que não é tão ruim assim.

Há uma extensa e complexa rede que mantém mulheres em relações abusivas, e ela aglutina dependência emocional, psicológica e financeira. Não é possível falar de violência contra a mulher sem falar de sua origem e seu território: a socialização feminina e o campo dos relacionamentos

---

[11] ZANELLO, Valeska. *Saúde mental, gênero e dispositivos*: cultura e processos de subjetivação. Curitiba: Appris, 2018.

[12] BUTLER, Judith. *Vida precária*: os poderes do luto e da violência. Trad. Andreas Lieber. Belo Horizonte: Autêntica, 2019.

amorosos. Não há uma mulher sequer que nunca viveu, não vive ou não viverá uma relação abusiva. Muitas não saberão identificar que estão em uma; outras sentirão em cada célula do corpo a falta de nutrição afetiva, o peso da violência simbólica e social, mas não saberão nomear como abuso a violência que sofrem, porque ela não é física.

Não há no mundo uma mulher sequer que não tenha experimentado na pele o peso de ser mulher numa sociedade patriarcal: assédio, violência, desqualificação, deslegitimação, desrespeito, desumanização. Este livro é antes de tudo um manifesto — preciso repetir. Pela vida das mulheres, pelo fim da violência, pela possibilidade de um amor fora da gramática da dominação, pela afirmação da pluralidade e da potência da nossa existência.

Falar de relação abusiva quando tudo sobre violência doméstica já parece ter sido dito é uma denúncia: há um campo ainda não discutido de uma violência invisível que deixa marcas profundas. Existem agressões que não deixam marcas visíveis, tornando difícil identificar uma relação abusiva e mais difícil ainda denunciar e romper. Os comportamentos abusivos são tão naturalizados na sociedade machista em que vivemos que não parece que estamos falando de uma dinâmica violenta, mas sim de uma coisa normal, que acontece com todo casal.

Expor publicamente uma relação abusiva após o término ou então fazer uma denúncia formal parece quase criminoso. Afinal de contas, parecia que estava tudo bem e nem houve agressão. Será que você não exagerou? Será que não está querendo se vingar manchando a reputação do rapaz? Se era tão ruim assim, por que não falou antes? Esses são os questionamentos que as mulheres ouvem quando finalmente entendem que estão vivendo uma relação abusiva; falta acolhimento e sobra julgamento e culpabilização.

Se socialmente falta uma conscientização sobre a dinâmica do abuso nas relações amorosas e falta também o acolhimento necessário para que essa mulher possa sair desse relacionamento, juridicamente ainda existe um sistema cheio de falhas que também não garante a proteção das mulheres.

1

AS MENINAS ENCASTELADAS: A FEMINILIDADE COMO LIMITAÇÃO

Você já se perguntou por que estimulamos as meninas a brincarem de bonecas e aos meninos ensinamos como brincar de carrinho? Qual é a diferença cognitiva entre duas crianças — um menino e uma menina — de 4 anos? Por que supomos que os meninos serão mais aptos ou mais interessados ou mesmo beneficiados ao brincar de carrinho do que as meninas? O que há por trás do carrinho e da boneca?

A cruel mensagem que esse simples ato transmite é: criamos meninos para dirigir — carros, empresas e a própria vida; e ensinamos meninas a maternar — bonecas, filhos, os próprios maridos. Ensinamos meninos a comandar e meninas a servir, e tudo isso se desenha desde cedo, na forma desigual como tratamos as crianças.

Como estranhar ou recusar o desconforto se desde o início das nossas vidas somos apresentadas a ele e ensinadas a tolerar? Como estranhar a violência se somos ensinadas a tratar como equivalentes amor e abuso? O masoquismo é veiculado como uma posição tipicamente feminina. Afinal, quem mais aceitaria usar roupas que apertam, sapatos que machucam, fazer procedimentos estéticos que mutilam, manter relações sexuais que não dão prazer? O sofrimento é naturalizado para as mulheres — "Para ficar bonita tem que sofrer!" — e somos estimuladas a ocupar sempre a posição de bonitas, obedientes e comportadas. Não somos estimuladas a cultivar ambição ou independência e nem a reivindicar nada, apenas a cumprir o papel que se espera de nós.

E que papel é esse? O de boazinha. Não dá para desvincular a socialização feminina dos relacionamentos, uma vez que toda a experiência feminina conduz as mulheres a buscar uma relação e desenha uma via crucis que é preciso percorrer para que sejamos escolhidas por um homem. Como sair de uma relação em que lutamos tanto para estar? Como se posicionar de forma independente, sem precisar da validação masculina, se nos almoços em família interrogam onde estão os namoradinhos, e as propagandas de margarina mostram uma família feliz, com dois filhos e um cachorro numa mesa de café da manhã farta, com uma mulher plena e de vestido esvoaçante?

A socialização feminina é um fenômeno que se dá a partir da transmissão cultural que funda a subjetividade de cada um, pois a subjetividade de cada um compõe um coletivo que determinará o pacto cultural. Se estabelecemos uma organização social a partir da divisão sexual, construímos uma sociedade sexista que vai operar diferenças e posições predeterminadas destinadas a homens e mulheres.

Desde o primeiro momento, a vida se desenha a partir de uma perspectiva sexual que poderá determinar os desfiladeiros da personalidade e da própria subjetividade. Antes mesmo de nascer, o sexo da criança gera curiosidade. Os pais querem saber se é menino ou menina, as pessoas que encontram a gestante na rua querem saber se é menino ou menina, a empresa que faz o chá de fraldas quer saber se é menino ou menina, até que o mercado finalmente incorporou e capitalizou essa curiosidade oferecendo possibilidades de chá revelação. Mas saber o sexo do bebê não é mera curiosidade; é antes de tudo uma ferramenta de organização.

Se for menina, haverá para ela um mundo cor-de-rosa de princesas, bonecas, delicadeza, panelinhas e maquiagem. Se for menino, um mundo todo azul com muitos super-heróis, carrinhos, aventuras e esportes radicais. A criança ainda nem nasceu e já existe para ela um mundo de limitações: não está dado na cartilha social que as meninas podem brincar de carrinho ou os meninos de boneca. Não temos o hábito de questionar esse costume, mas é importante entender que a divisão sexista que se dá antes mesmo de a criança vir ao mundo gera consequências importantes em toda a vida adulta.

A psicanálise entende que, antes mesmo de falar, já somos falados, e é a partir do discurso do adulto que a criança é apresentada ao mundo. Ou seja, antes mesmo de nascermos, já existe um mundo de expectativas que recai sobre nós e determina o que são a regra e a conduta esperada e o que são as transgressões. Nossa constituição subjetiva se dá a partir de uma intrusão que determina que *somos* o nosso sexo, em vez de *termos* o nosso sexo. Antes de ser uma pessoa, a criança que vai nascer é, sobretudo, um menino ou uma menina, e se determina o gênero da criança a partir de seu sexo.

Os operadores das ciências e da engrenagem social são historicamente os homens, e vem daí o conceito de patriarcado, uma organização social regida pela égide masculina. Isso significa que tudo o que nós conhecemos do mundo nos foi transmitido pela perspectiva masculina. É o que Simone de Beauvoir aponta em *O segundo sexo* quando diz que o mundo sempre pertenceu aos machos.

As regras, as normas e as leis são definidas pelos homens porque são eles que ocupam os lugares políticos, econômicos e sociais de comando; são eles que operam as estruturas de poder. Portanto, são os homens que definem o que é ser homem e o que é ser mulher, de uma forma que os beneficie. Sabemos, e vamos nos debruçar mais a fundo ao longo deste livro, que uma sociedade machista, embora beneficie os homens, também lhes causa sofrimento. O homem é o sujeito universal, aquele que representa a humanidade e que foi feito à imagem e semelhança de Deus, diferente da mulher, que é o *Outro*, como aponta Simone de Beauvoir novamente em *O segundo sexo*; um homem incompleto, feita da costela de Adão, fragmento de um sujeito completo.

O próprio Deus, na cultura judaico-cristã, é uma entidade associada ao masculino, afastando-se do que normalmente é considerado feminino. Assim, não é possível separar a história da fundação da civilização e, sobretudo, da modernidade da história da opressão às mulheres. E a opressão às mulheres se dá justamente pelo fato de serem mulheres. Mas o que as designa mulheres?

Sexo, gênero e sexualidade

Sexo é o conjunto de características biológicas reprodutivas a partir das quais é possível determinar se aquele ser vivo é macho ou fêmea. Quem fez do macho e da fêmea um homem e uma mulher? (E onde pessoas intersexo entrariam nesse contexto?) Entre macho e fêmea há apenas uma diferença, não uma hierarquia; o que impõe essa verticalização é o gênero, um sistema de hierarquia social. Gênero é toda atribuição social de papéis esperados de acordo com o sexo de uma pessoa: o pacto social presume que, se o sexo é feminino, o gênero automaticamente é feminino e tem-se uma mulher, que naturalmente vai se interessar pelo cor-de-rosa, por maquiagem, cozinha, bonecas e vai gostar de meninos. Se o sexo é masculino, automaticamente o gênero é masculino e temos um homem que naturalmente vai se interessar por futebol, carros e negócios e vai gostar de meninas. Há um duplo determinismo sobre os sujeitos: o biológico e o social.

Durante muito tempo afirmou-se que o que temos entre as pernas determina o nosso sexo, e automaticamente determina também o nosso gênero, inibindo qualquer possibilidade autêntica e autônoma de decidirmos por nós mesmos o que seremos e o que queremos. A tríade sexo-gênero-sexualidade impõe uma rigorosa norma sobre os corpos e define, a partir de sua própria existência, um jogo de poder: o homem é mais forte, a mulher é mais fraca; o homem é o universal, a mulher é em relação ao homem; o homem existe por conta própria, a mulher precisa do homem. Toda essa norma prevê, portanto, o que é o normal. Assim, tudo que foge à norma será patologizado, obrigando todos nós a seguir o script social normótico, do consenso social e dos padrões sob pena de sermos julgados, excluídos ou execrados.

Judith Butler, filósofa pós-estruturalista, questiona em seu livro *Problemas de gênero*[13] o status inquestionável do sexo como categoria biológica definida e o propõe como algo discursivo. Essa é uma provocação importante, porque vai equivocar o paralelo sexo-gênero e denunciar a ciência como um instrumento operado por homens que vão dividir a humanidade entre as pessoas que têm pênis e aquelas que têm vagina. Pênis e vagina, assim como

---

[13] BUTLER, Judith. *Problemas de gênero:* feminismo e subversão da identidade. Trad. Renato Aguiar. Rio de Janeiro: Civilização Brasileira, 2018.

sexo masculino e sexo feminino, não são palavras esvaziadas de sentido: são posições sociais que pressupõem uma hierarquia e um jogo de poder.

Freud aponta isso, na mesma direção de Butler, quando conceitua o falocentrismo como estruturante da subjetividade, demarcando a não inscrição do sexo feminino no inconsciente em função de a distinção entre homens e mulheres ser percebida a partir da presença do pênis ou da ausência dele. Isso significa que a diferença sexual não é percebida como uma diferença, e sim como uma perda, algo a menos, uma extração. Essa percepção vai estruturar toda uma série de comportamentos de horror à diferença, que Freud nomeia como o narcisismo das pequenas diferenças: a diferença do outro me ameaça.

Se a noção de sexo se dá a partir de uma perspectiva falocêntrica, um pênis vale mais que uma vagina; portanto, a supremacia masculina está prevista. Vale ressaltar que, para a psicanálise, o falo não é o órgão sexual masculino, nem sequer se confunde com ele. O falo é o significante da falta, é a inscrição que marca e tampona uma ausência estrutural: a de que o pênis, por si só, não significa nada. Se a existência do pênis não confere poder a quem o possui, é necessária uma farsa simbólica validada num grande pacto social que confira poder a quem detém não o pênis, mas seu representante mais ostensivo: a masculinidade.

Em um cenário no qual sexo define gênero, é necessário nos debruçarmos sobre esse conjunto de normas características que vai pautar os lugares sociais e as performances de masculinidade e feminilidade com base em uma lógica de poder e hierarquia. A masculinidade responde ao campo da dominação, e a feminilidade ao campo da subordinação, portanto a feminilidade serve à masculinidade. E o que dá consistência a esse sistema? O que garante a existência desse pacto cultural? O que permite a manutenção desse sistema? O amor e a ameaça da perda do amor, e por isso mesmo é tão difícil desvincular o amor do abuso.

A psicanálise en-cena

Freud conceitua o falo paralelamente ao conceito de complexo de castração, que por sua vez nasce do complexo de Édipo, que tem como palco a família tradicional. É importante evocarmos os conceitos da psicanálise porque eles nos ajudarão a entender a masculinidade e a feminilidade como inscrições culturais que fundam a subjetividade de forma inconsciente.

O complexo de Édipo é uma cena infantil na qual a criança organiza o seu lugar no desejo dos pais e, portanto, o seu lugar social. E o que está em jogo no complexo de Édipo é o amor. Todos querem ser amados porque ser amado garante a proteção — já fiz menção aqui ao livro *Amar para sobreviver* —, ou seja, não há apenas uma semelhança entre a lógica das relações abusivas e as dinâmicas familiares.

O bebê, ou o infante, para a psicanálise, é um ser em desamparo e dependência que precisa dos cuidados do adulto para sobreviver. É o adulto quem ao mesmo tempo supõe, traduz e atende as necessidades do bebê. Diante do choro, o adulto supõe ser fome e oferece o leite; ou supõe ser sono e oferece o colo. Ou seja, o choro é atendido e as supostas necessidades são satisfeitas, portanto o que se inscreve no inconsciente é que ser amado garante a sobrevivência, o que estrutura o nosso comportamento ao longo de toda a vida, em que buscamos sempre ser amados pelo outro.

Na dinâmica entre os pais, Freud entende que a criança toma a mãe como primeiro objeto de amor, uma vez que, dentro da conjuntura patriarcal, é a mãe quem despende a maior parte dos cuidados à criança. Lacan posteriormente trabalha melhor a questão, entendendo que se trata da função materna, não necessariamente da figura da mãe.

A noção do complexo de Édipo advém da percepção que a criança tem do pai como um rival, como alguém com quem precisa disputar a atenção e o amor da mãe. Na tragédia grega de Sófocles, Édipo mata o pai e se casa com a mãe, sem saber que o homem que matara era seu pai, e que a mulher com quem se casara era sua mãe. O senso comum compreendeu o complexo de Édipo em sua literalidade, enquanto o que a psicanálise propõe é a trama edipiana como metáfora.

Ao situar o pai como um rival, a criança precisa encaminhar os destinos do amor pela mãe e descobrir um modo de continuar sendo amada por ela sem ser punida pelo pai. Defronte desse dilema e também a partir dele a psicanálise explica as embrionárias performances de masculinidade e feminilidade e as situa como uma saída diante do impasse do amor. Entendemos que não é de sexo que se trata, mas da leitura do jogo de poder que oferece ao sexo um lugar privilegiado na trama inconsciente. A criança entende que, entre o pai e a mãe, o pai detém o poder. Não à toa falamos em patriarcado, uma organização social na qual há a predominância da autoridade paterna; e é exatamente aqui que a criança se insere.

A criança se dá conta também de uma distinção anatômica entre os sexos que gera consequências psíquicas. Estou fazendo uma referência a um importante texto freudiano chamado "Algumas consequências psíquicas da distinção anatômica entre os sexos".[14] A criança percebe que o pai tem um órgão que a mãe não tem, e não entende isso como uma diferença natural, como dois órgãos distintos. Com base em um longo estudo, Freud constata que as crianças percebem o pênis como um órgão universal a todos: os meninos têm e, o das meninas, ou vai crescer ou lhes foi arrancado.

Trago brevemente esses conceitos freudianos a fim de embasar a perspectiva butleriana do sexo como uma operação discursiva, amparada na biologia mas significando-a a partir de uma ótica de poder. É necessário absorvermos esse entendimento para chegar ao cerne da questão: a íntima relação entre performances de gênero e amor. Só é possível acessar essa constatação a partir do instante em que entendemos a performance de gênero como uma saída para a significação do sexo como hierarquia, e não como diferença. Essa compreensão vai ajudar a entender a concepção de misoginia e o lugar social da mulher como inferior, subordinada, subalternizada e objetificada.

Se os meninos têm o pênis e as meninas não, o pênis não está garantido; e essa ameaça de perda Freud nomeia como complexo de castração. E como isso se dá? A criança entende que o pai tem o pênis e a mãe não, e a essa altura já percebemos que o que a criança de fato entende é a dinâmica patriarcal vigente na família.

Diante dessa compreensão, Freud propõe saídas diferentes para o menino e para a menina. Diz que o menino se identifica com o pai, que também tem um pênis, e, com a impossibilidade de vencer a rivalidade contra o pai,

---

[14] FREUD, Sigmund. "Algumas consequências psíquicas da distinção anatômica entre os sexos (1925)". In: *Obras completas, volume 16*: o eu e o id, "autobiografia" e outros textos (1923-1925). Trad. Paulo César de Souza. São Paulo: Companhia das Letras, 2011.

decide se associar a ele. Essa associação implica uma perda e um ganho: o menino precisa abrir mão da posição de objeto do desejo da mãe para não ser penalizado pelo pai numa rivalidade que ele não pode vencer; e sai dessa disputa aceitando perder o lugar de exclusividade do amor, mas com os títulos da masculinidade transmitidos — ou trans-mentidos — pelo pai, sob a forma das insígnias fálicas. E a isso chamamos castração: essa perda necessária para a manutenção da vida.

E o menino se reveste das insígnias fálicas, que são em essência tudo o que conhecemos como performances de masculinidade — a virilidade, a violência, o totalitarismo —, como uma forma de não enfrentar a castração, de não se mostrar faltoso em sua potência. Quanto maior a violência da masculinidade, quanto maiores as provas da masculinidade, maior é a ferida narcísica oriunda da castração. Portanto, observando o processo de subjetivação dos meninos a partir da perspectiva psicanalítica, entendemos o patriarcado e o machismo como um grande sistema de coerção que garante e protege os homens de sua própria incompletude.

Uma vez que os homens precisam tanto disfarçar e tamponar sua falta estrutural — inerente a todo ser vivo —, o horror ao feminino se torna também estrutural. Ou seja, a misoginia é a filha primogênita do patriarcado. Se os homens se utilizam da violência para não se sentirem ameaçados de perder esse status que eles sabem ser tão frágil, porque é apenas virtual, isto é, se a resposta masculina à própria castração é a violência, é também com violência que eles tratarão as mulheres e tudo aquilo que for lido como feminino, uma vez que as mulheres carregam no corpo a marca da castração.

O menino sai do complexo de Édipo armado de todos os artifícios na crença de que finalmente será amado como não pôde ser amado pela mãe, de quem teve que recuar na relação de proteção e completude. Se todos nós queremos ser amados porque entendemos que é pela via do amor que recebemos cuidado e proteção, cada um de nós vai construir os mapas que nos conduzem ao amor. Quando a psicanálise coloca o complexo de Édipo na centralidade da subjetividade, o que entendemos é que a grande ferramenta que temos para acessar o amor é, portanto, a performance de gênero. O menino compreende que será amado se for viril, corajoso, destemido e até mesmo hostil, porque supõe que é isso que se espera dele.

No caso das meninas, Freud aponta que elas também tomam a mãe como primeiro objeto de amor e, portanto, o pai como rival e obstáculo a essa relação. Entretanto, ao contrário dos meninos, que se identificam com o pai, Freud indica que o caminho da feminilidade é buscar no pai aquilo que elas entendem completar a mãe, e que elas concluem ser um bebê. As meninas não sentem a ameaça de perder o pênis, porque já compreendem que não o têm, assim como suas mães; mas supõem que a mãe foi buscar no pai o pênis que não tem, e que esse pênis foi entregue sob a forma de um bebê, que é ela própria, a criança. Dessa forma, o pai passa a ser o objeto de amor de quem a menina espera receber as normas que precisa seguir para ser premiada, por ele, com o falo.

Entretanto, diferentemente do menino, o que a menina recebe não é um título do qual poderá fazer uso depois. A menina recebe um mapa que a conduzirá no caminho do encontro de quem lhe dará isso de poderoso, que é um homem; e esse mapa é a feminilidade. Assim, as meninas crescem aprendendo a seguir a cartilha da feminilidade na expectativa de que isso as conduza a finalmente serem escolhidas por um homem que lhes dará um anel, uma casa e um bebê, ou seja, substitutos fálicos.

Trazer a perspectiva da psicanálise para pensar a questão de gênero é fundamental, porque é a esquina onde se encontram subjetividade e cultura, explicando como uma cultura funda a subjetividade de uma época e como, por sua vez, a subjetividade de uma época funda uma cultura. É urgente estudar a história da sociedade e da opressão para que entendamos como foram estruturadas as violências a que fomos submetidos; já em uma esfera individual, é também urgente que cada sujeito se proponha a fazer análise com um profissional comprometido com a pauta feminista e antirracista para que possamos entender como a maneira que sentimos e sofremos se relaciona com as nossas questões íntimas, familiares e sociais.

Tendo em vista tudo isso, entendemos por que, a partir da perspectiva psicanalítica do conceito de falo, o sexo é discursivo. Lacan entende que todos nós, sujeitos falantes, temos um vazio estrutural, uma falta inaugural que nada será capaz de completar. É o próprio buraco estrutural o motor do desejo: desejamos porque não temos, e, quando temos, já não desejamos mais.

O falo é um mediador, um objeto que tampona a fenda, na tentativa de obturar um furo, e é num processo de análise que trabalharemos para ficar em paz com nossos buracos, nossas falhas, nossas rachaduras. É também em análise que entenderemos como oferecemos a nós mesmos como objetos para lidar com a falta do outro, querendo ser tudo aquilo que achamos que o outro queria que fôssemos. De fato, se ocupar em desvendar o desejo do outro parece mais fácil do que se debruçar sobre a descoberta do próprio desejo. No fim das contas, todo mundo quer ser amado, mas tudo que aprendemos sobre amor é submissão e especulação.

Aprendemos, desde a infância, tanto essa que Freud estudou como essa que vemos no dia a dia, que para ser amado é necessário recorrer às insígnias de masculinidade e feminilidade, que precisamos atender às expectativas das figuras parentais e, depois, dos representantes dessas figuras na sociedade, no papel das autoridades. Com isso, cada vez mais os nossos vazios se tornam mais insuportáveis e assustadores, sempre ameaçando o amor. Os homens precisam estar sempre fortes e corajosos, porque, se estiverem vulneráveis e com medo, são menos homens e, portanto, serão menos amados ou, ainda, achincalhados e até humilhados. Então, antes que sejam menosprezados, eles mesmos submetem os outros que não são seus espelhos a fim de manter cada vez mais demarcada a desigualdade que lhes garantirá o privilégio e o poder.

As meninas precisam sempre ser obedientes, bonitas e servis; caso contrário, serão rejeitadas, abandonadas, nunca escolhidas por um homem, morrerão sozinhas, sem ninguém que goste delas. Então, antes que corram o risco de serem lidas como feias, desobedientes ou insubmissas, as meninas se rendem aos procedimentos estéticos, dizem sempre sim (mesmo quando querem dizer não), e sorriem e acenam para agradar a toda e qualquer pessoa. Ou seja: as performances de feminilidade e masculinidade ditam o que devemos ser e impõem também o que não podemos ser, e isso compõe a ferida narcísica que tentaremos encobrir a partir das insígnias fálicas.

Esse entendimento torna mais fácil perceber que todos os rituais que demarcam as posições binárias de gênero têm fundamentos inconscientes, familiares e sociais. Portanto, quando uma família descobre que espera um bebê e se antecipa para descobrir o sexo, o que se busca é construir

AS MENINAS ENCASTELADAS: A FEMINILIDADE COMO LIMITAÇÃO

toda a estrutura imaginária e simbólica em que essa criança será pensada. Querem saber qual nome dar, e para isso é necessário saber se é menina ou menino. Querem saber de que cor pintar o quarto ou como escolher as roupinhas do enxoval, e para isso é preciso saber se nascerá com um pênis ou uma vagina. Precisam saber quais planos farão para o bebê que virá: se sonharão um futuro de bailarina ou de jogador de futebol, e para isso é necessário saber se o exame genético apontará XX ou XY.

Parece perder o sentido quando posto dessa forma, não parece? Pois é exatamente isso: as normas de gênero não fazem nenhum sentido, mas dão corpo a uma angústia, que é a da falta de sentido, do vazio, daquilo que fugimos em nós mesmos e portanto não suportamos no outro.

Quando a criança nasce, já existe um mundo de expectativas à sua espera, e, sem que ela tenha escolhido qualquer coisa, já adquire uma dívida antes mesmo de nascer. Ela precisará cumprir o checklist desenhado para si sob pena de perder o amor dos que a desejaram tanto. Recebe um nome que lhe é imposto, tem entre as pernas um órgão que será significado a partir de um registro sexista, e ganha uma cartilha de performance que ditará não só seu comportamento, mas também seu temperamento. Por trás do "meninas vestem rosa e meninos vestem azul" há muito mais do que um universo de bonecas e carrinhos.

A tríade inseparável sexo-gênero-sexualidade implica muitas coisas na matriz do amor e na curva do que se entende como o normal e o desejável. O sexo masculino, ou seja, a existência biológica de um corpo com pênis, pressupõe a masculinidade, que automaticamente pressupõe o interesse amoroso e sexual por mulheres.

Assim como a existência de um corpo com uma vagina significa o sexo feminino, que pressupõe a existência de uma mulher, que automaticamente pressupõe o interesse amoroso e sexual por homens. Ou seja, o sexismo impõe a cisgeneridade e a heterossexualidade. Portanto, a todos os corpos que fogem a essa norma não está disponível a gramática do amor.

A existência de uma norma a seguir define também a sua fronteira: aquilo que é execrável, que precisa ser punido e combatido para a própria manutenção da ordem. É por isso que toda norma requer uma vigilância sobre uma transgressão, e também sua punição: os transgressores serão

castigados como forma de coagir todos os outros a seguir a regra. Não à
toa acontecem campanhas de difamação envolvendo mulheres vítimas de
violência, como forma de dizer que, se não formos desobedientes ou liber-
tinas, não seremos mortas. Ou o discurso social que justifica o estupro de
mulheres apontando as roupas usadas por elas, como um modo de dizer que,
se não nos vestirmos como putas, não seremos violadas — diferentemente
das putas, as quais o pacto social entende que a troco de algum dinheiro
é permitido estuprar, porque o dinheiro dá esse direito. Não é à toa que
o Brasil é o país que mais mata pessoas LGBTQIAP+ no mundo, como
uma forma de dizer que, se seguíssemos a cartilha da heteronormatividade,
a vida estaria garantida.

Sabemos que as estratégias de culpabilizar a vítima pela violência sofrida
não passam de um malabarismo para ocultar a perversidade da lei. E em que
ponto tudo isso tem relação com o relacionamento abusivo? Percorremos
aqui uma análise das performances de gênero a fim de entender como as
mulheres são empurradas para relacionamentos e como os homens são
ensinados a se comportar de formas abusivas a fim de manter a masculinidade. Essa jornada é necessária para enfatizar a dimensão social e psíquica
do machismo e convocar cada um que lê a assumir a responsabilidade de
transformar essa realidade.

É na infância que construímos as matrizes do nosso modo de relacionar e também da nossa visão de mundo. Já entendemos que nascer numa
sociedade patriarcal nos coloca inauguralmente na divisão sexual que
definirá o que é ser homem e o que é ser mulher. É hora de entendermos
as reverberações disso.

A beleza como instrumento
de punição das mulheres

A primeira violação imposta às meninas se dá no instante do nascimento,
num ato que parece tão inofensivo, mas que já marca alguma coisa: o
furo nas orelhas. Por que fazemos isso? Porque precisamos marcar que ali,
naquele corpo indefinido de bebê, há uma menina. Não basta a roupinha

AS MENINAS ENCASTELADAS: A FEMINILIDADE COMO LIMITAÇÃO   61

rosa, é preciso o brinco, os laçarotes no cabelo, até mesmo uma pulseirinha. É um ato tão naturalizado, tão costumeiro, tão habitual que nós não questionamos.

Mas veja bem: por que um furo na orelha? Por que não dois furos? Já que falamos em furos, por que não um piercing? Na orelha mesmo, ou no nariz? Não? Parece estranho? Qual é a diferença? A diferença é a norma imposta, e ela dita o que é aceitável e o que é uma transgressão. E, nesse caso, a norma diz que a menina que nasce precisa furar a orelha, seja porque "fica bonitinho!" ou porque "sempre foi assim!". E por que nos meninos não é necessária a inscrição de uma marca que os defina?

Porque o homem foi feito à imagem e semelhança de Deus, como consta na Bíblia. O homem existe por conta própria, é completo e universal. A mulher não; ela, que foi criada da costela de um homem, precisa passar por um processo de adaptação e construção de sua imagem, algo eternamente plástico a ser moldado, e ainda: a mulher precisará passar por sacrifícios. O furo na orelha é apenas o primeiro sacrifício imposto às mulheres: uma perfuração no corpo, feita sem o seu consentimento, para cumprir uma função estética de embelezamento e atender às necessidades da família de ter uma filha princesa.

O que vem depois disso nós, mulheres, já sabemos: uma série de incisões, voluntárias ou impostas, sobre o nosso corpo. Depois do furo na orelha, vem a dieta restritiva para perder aqueles quilinhos indesejáveis; depois vem o sutiã apertado ou mesmo a cirurgia que abre o seio para inserir uma prótese; depois o salto alto machucando os dedinhos dos pés, ou as agulhas do botox introduzidas na pele fina do rosto. Fazemos rituais de beleza que naturalizam a dor repetindo a clássica frase "para ficar bonita tem que sofrer", porque assim naturalizamos também o masoquismo como uma típica posição feminina, assim nos dessensibilizamos à dor e tornamos o nosso corpo um território que pode sofrer ataques porque já está acostumado.

E é assim que o inocente furo na orelha se torna o primeiro passo de uma jornada de violações sobre nós que culmina na naturalização de comentários inconvenientes sobre o nosso corpo, nos olhares masculinos que nos assediam e nos sexualizam e até mesmo na violência sexual que sofremos. Pode parecer um caminho muito distante, mas proponho aqui que tensionemos esses limites a fim de entender como tudo isso está estruturado sob uma mesma tese: o corpo feminino serve para agradar o outro e, portanto, precisa se submeter às suas exigências.

A menina precisa ter a orelha furada para atender a uma expectativa social e também da própria família, assim como precisamos estar arrumadas e penteadas. Assim como, mais tarde, vamos ser pressionadas a cuidar do corpo e da imagem porque "Homem gosta de mulher que se cuida!"; ou "Ninguém vai gostar de você se você engordar!"; ou ainda "Se você parar de se cuidar, ele troca você por outra mais bonita hein?".

Essa pressão não se dá apenas nos relacionamentos, mas orbita por toda a vida da mulher: no trabalho não basta ser competente, é preciso ser competente e também bonita; na família não basta ser responsável, é preciso ser também bonita. Somos achacadas por falas como: "Vai sair desse jeito?", ou até mesmo ameaçadas: "Nossa, o que as pessoas vão pensar de você ao te ver tão desarrumada assim?".

Lembro que o meu pai sempre desempenhou esse papel, de fiscal da beleza. Éramos três mulheres: minha mãe, minha irmã e eu, e era raro que ele elogiasse a nossa aparência, mas notava e pontuava qualquer mínimo descumprimento da norma da beleza. Se estávamos com as unhas descascando ou sem pintar, ele interrogava quando iríamos à manicure. Ele percebia até mesmo o crescimento da nossa sobrancelha: se estava crescida, ele perguntava quando íamos acertar; se estava mais fina do que ele achava ideal, ele apontava isso em tom de crítica.

Não vivi imune à pressão estética na minha casa. Minha primeira dieta eu fiz aos 6 anos; meu primeiro alisamento de cabelo, aos 9; minha primeira cirurgia plástica, aos 15. A dieta aos 6 anos desencadeou uma relação problemática com a comida, com a balança e com o peso que vez ou outra volta a me visitar; o alisamento perdura até os dias de hoje; somente depois de 22 anos alisando o cabelo eu passei por uma transição capilar para conhecer como era o meu fio. A plástica aos 15 desencadeou uma grande perda de sensibilidade nos seios que só muitos anos depois eu vim a saber que seria permanente.

AS MENINAS ENCASTELADAS: A FEMINILIDADE COMO LIMITAÇÃO

Meus pais não fizeram nada disso por mal ou sequer agiram com violência. Fizeram tudo o que fizeram "pelo meu bem". Para que eu não sofresse bullying na escola por ser uma criança "gorda" ou com o "cabelo feio"; para que eu não fosse uma adolescente tímida com vergonha do meu corpo por ter os seios grandes demais. Sofri bullying a despeito de qualquer tentativa dos meus pais de me proteger, e essas experiências também me marcaram.

Todas essas intervenções sobre o meu corpo deixaram marcas: uma sensação de insegurança com a aparência e um limite muito distorcido entre o que é "para o meu bem" e o que é violento. O que me salvou foi o fato de os meus pais investirem na minha capacidade intelectual e a valorizarem, se mostrando abertos e dispostos a embarcar nos meus desejos genuínos, o que me fez entender que eu não era apenas um corpo, mas pura potência. Sabemos, porém, que a realidade da grande maioria das mulheres não é essa; o que acontece é uma pressão constante em torno da aparência que faz mulheres odiarem o que veem no espelho.

Toda a indústria da beleza é voltada para fazer as mulheres se sentirem melhores consigo mesmas, quando sabemos que esse argumento é um engano e um engodo. Ninguém se sente mal de calça de moletom, calcinha larga furada e coque bagunçado; pelo contrário, tudo isso é muito confortável. As mulheres montam uma imagem a fim de se apresentar em público, para um outro que pode julgá-las, para um outro que elas precisam agradar e impressionar.

Para nos apresentarmos diante desse outro, que pode ser uma pessoa amiga, a pessoa em quem estamos interessadas ou até mesmo alguém da nossa família, vestimos uma roupa para que todos digam que estamos lindas, podendo até dizer que emagrecemos — afinal fizemos a dieta do ovo por uma semana para entrar perfeitamente naquela roupa que compramos em um número menor e assim dar uma estimulada na disciplina do regime. Depilamos as pernas, fazemos uma maquiagem que teremos medo de derreter, subimos em um salto alto que vai espremer todos os nossos dedos, para sair lindas nas fotos e receber os elogios das pessoas de quem queremos o amor e a atenção; ou até mesmo para escapar da desaprovação, das críticas ou dos comentários ácidos dessas mesmas pessoas.

Nosso corpo passa a ser totalmente usurpado pelo olhar alheio, devendo ser um lugar de dominação do outro, não de nossa própria propriedade. A perseguição do ideal de beleza não visa à conquista da beleza, mas apenas à submissão da mulher à perseguição desse ideal. Pouco importa o ponto final; o que o sistema quer é o sacrifício. Com isso, entendemos que as performances de feminilidade veiculam também a construção de uma personalidade submissa, dependente, obediente e sempre referida a uma perspectiva masculina.

Tudo que aprendemos sobre corpo e imagem passa pelo crivo masculino. O corpo ideal foi eleito pelos homens, que dizem quem é a mulher mais bonita. Todas as mulheres devem se submeter a esse modelo de beleza para que mereçam o olhar de um homem e consequentemente o seu amor. Esse ranking se dá desde as infames listas da escola, nas quais os meninos elegem as meninas mais bonitas, as mais legais e também as mais feias; e vai até as revistas femininas, que elegem as musas da vez.

Ora a mulher ideal é magra e esguia como Gisele Bündchen, ora musculosa e sarada como Juju Salimeni, ora corpulenta e curvilínea como Kim Kardashian. O padrão de beleza muda a cada época a fim de se manter sempre inacessível, sempre inalcançável. Por quê? Porque o sistema precisa produzir e manter o senso de insatisfação e insuficiência feminina.

As mulheres precisam se sentir mal com a própria aparência para que se submetam às regras — à dieta da moda, à nova lipo lad, à rinomodelação, ao novo chá emagrecedor. Enquanto elas se distraem, tratando a si mesmas como massinha de modelar, os homens vão dominando os mais altos espaços políticos e econômicos sem qualquer preocupação com seu peso, com o tamanho de sua barriga ou as rugas no rosto.

A submissão a uma imagem de beleza começa quando, ainda muito novas, somos embonecadas com vestidos cheios de babados, lacinhos na cabeça e cabelos alinhados num penteado desconfortável. Enquanto os meninos correm livres e brincam destemidos, somos advertidas para nos comportarmos e não sujar o vestido ou desmanchar o cabelo. Enquanto tentamos viver as experiências infantis como crianças, somos lembradas de que somos mulheres ouvindo "Sente-se direito!"; "Comporte-se como uma menina bonita!"; "Arrume o vestido!"; "Deixa eu prender seu cabelo, está muito bagunçado!". Enquanto isso, os meninos já se vestem de forma confortável, com roupas apropriadas para a brincadeira e a exploração do ambiente, sem sequer serem advertidos sobre qualquer coisa envolvendo sua imagem.

Por que aceitamos isso? Por que nem sequer questionamos isso? Porque somos bombardeadas, desde muito novas, com imagens de princesas, musas e modelos, mulheres ideais, belezas perfeitas, recebendo aplausos, flashes e likes. Somos ensinadas que devemos ser como elas: perfeitas; e o preço a ser pago por isso é o desconforto, a limitação e a submissão.

Entendemos com a perspectiva psicanalítica que somos criados recebendo de fora os mapas que nos levarão até o pote de ouro do amor do outro, e que esse caminho implica nos tornarmos objeto do desejo e sermos aquilo que essa pessoa gostaria que fôssemos; então naturalizamos que é preciso uma cota de sacrifício para sermos amados. As mulheres aprendem isso muito cedo, desde o furo na orelha, ainda na maternidade, ou desde os vestidos e laçarotes desconfortáveis na infância.

O grande engodo é que as imagens de beleza não impõem apenas uma estética; elas acabam por definir um certo modo de sentir, pensar, desejar e se comportar. As imagens de beleza visam mais à obediência e à submissão do que a um conceito de beleza em si, e a grande prova disso é que mulheres absolutamente dentro do padrão imposto seguem perseguindo o ideal de beleza, se submetendo a dietas e procedimentos estéticos. O que nos é forçado junto com o ideal de beleza é a autoridade do olhar do outro sobre nós, portanto esse ideal implica também a dependência emocional, e a produção de uma constante e profunda insegurança e baixa autoestima.

Se é o outro que diz o que é a beleza, se for esse outro que aprovará ou reprovará a nossa aparência, se for também o outro que a qualquer momento mudará as regras do jogo, dizendo que agora beleza não é mais um corpo esguio e esbelto, e sim um corpo curvilíneo e musculoso, estamos reféns desse olhar externo. Portanto, passamos a outorgar ao outro uma definição sobre nós e também um poder sobre o nosso corpo e aparência.

Essa é uma forma muito eficaz de manter a hierarquia e a desigualdade de gênero, uma vez que as mulheres estão se submetendo a essa posição de objeto em busca de um selo de aprovação e são os homens que estão ditando quais são os critérios para obtê-lo. A consequência disso é o esvaziamento da nossa potência e o nosso enfraquecimento das agências das nossas vidas, ou seja, nos confundimos com um corpo e uma imagem e deixamos de investir em todas as nossas outras capacidades produtivas e criativas. Deixamos de fazer nós mesmas uma avaliação sobre nós, e implantamos nos olhos as lentes perversas que apontam como ainda somos um fragmento malfeito da costela de Adão.

Se somos um corpo e se, não importa o que façamos, ainda haverá algo a mais a ser modificado na nossa aparência para alcançar o ideal imposto, o efeito subjetivo e prático dessa operação são a baixa autoestima e o senso de insuficiência e incapacidade. Enquanto investimos todas as nossas energias na busca insana pela imagem ideal, deixamos de descobrir e desenvolver nossas capacidades intuitivas, intelectuais, emocionais e até mesmo profissionais, não nos restando nenhum outro pilar ao qual possamos nos ancorar no que diz respeito ao nosso senso de valor individual. O que resulta é a eterna dependência do olhar de alguém que terá o poder de atribuir valor a nós.

Mesmo quando desenvolvemos outros talentos e habilidades e ocupamos espaços de poder em função desses feitos, somos lembradas de nossa aparência. Numa reunião de trabalho, seremos mais elogiadas pela aparência do que pela nossa apresentação; nos encontros de família, falarão sobre a nossa roupa antes de perguntarem como estamos; nos espaços de estudo e desenvolvimento de carreira, nos ensinarão como devemos nos vestir para sermos respeitadas.

As mulheres gastam muito mais tempo se dedicando à aparência do que os homens, um tempo que poderia ser empregado em outras atividades, sejam elas de lazer, de descanso ou de estudo e trabalho. E tudo isso tem uma função: produzir inseguranças, afinal de contas a insegurança feminina é a moeda mais valiosa do mercado.

Se estamos sem maquiagem, dizem que estamos desleixadas e com aparência de doentes; se estamos maquiadas, dizem que estamos vulgares ou muito exageradas. Há uma quantidade exata de maquiagem que garante um aspecto artificial da feminilidade mantendo o esforço necessário em sua produção e que nos é vendida como algo naturalizado. E assim confundimos artificialidade com naturalidade, assim como confundimos amor com abuso.

As mulheres colocam próteses de silicone que prometem um efeito natural, fazem tatuagem nos lábios e nos fios das sobrancelhas buscando uma maquiagem que cubra a pele a fim de manter um aspecto natural. Que natural é esse que não prevê flacidez, manchas, marcas, estrias e falhas? Tudo isso é natural, mas a produção do ideal de beleza colocou tudo que é inato como falha, erro e desleixo e nos entregou o artificial como o real. E assim passamos a odiar a nossa aparência natural e a perseguir o que é vendido como natural (diferente do nosso) e belo.

As cavaleiras do patriarcado

E onde estão os homens ou a dominação masculina nessa história? A esta altura, a maior parte das experiências de desconforto, constrangimento e opressão — em relação à aparência e ao corpo — que você vai rememorar foram operadas por mulheres. São as nossas mães, nossas tias, nossas amigas, as editoras das revistas femininas, as apresentadoras dos programas de TV, as médicas e nutricionistas ou mesmo as musas e modelos em que nos inspiramos que reproduzem a ideia de que existe um padrão de beleza e de que é preciso — e até mesmo possível — alcançá-lo. Assim, são muitas as mulheres que nos apresentam as soluções para a obtenção da beleza ideal.

Simone de Beauvoir já havia apontado que o opressor não seria tão forte se não tivesse cúmplices entre os oprimidos, o que comprovamos nas nossas experiências quando vemos mulheres reproduzindo o machismo a que elas mesmas estão submetidas. Em nome de quê?

As mulheres são usadas como veículos e fantoches na dinâmica da opressão: não fomos nós que inventamos a violência, a obediência ou os padrões de beleza, mas nos convencemos de que eles são óbvios e inerentes ao que significaria "ser mulher". Olhamos e repudiamos com horror e veemência uma mulher que não segue os padrões de beleza e os comportamentos impostos, chamando-a de "puta", "louca" ou "feia" porque foi com esse rigor que aprendemos a olhar para nós mesmas, então projetamos sobre a outra o julgamento que recai sobre nós. E assim nasce uma poderosa ferramenta na manutenção da opressão: a rivalidade feminina.

Aprendemos a tomar a outra mulher como uma rival, uma inimiga, por dois motivos: essa outra mulher é uma projeção de nós mesmas, e é também alguém que competirá conosco na disputada escolha de um homem. Em *O segundo sexo*, Simone de Beauvoir diz que as meninas são estimuladas a brincar de boneca não apenas para desenvolver as capacidades de maternagem que implantarão nelas o que virá a ser a maternidade compulsória, mas para aprender a tratar a si mesmas como tratam as bonecas: um pedaço de plástico inerte que alguém troca de roupa, muda o cabelo e coloca para brincar de casinha. Vamos aprendendo que seguir uma rotina de bonecas humanas, deixando em segundo plano a própria humanidade e autonomia, nos premiará com o amor e a admiração do outro, sobretudo de um homem, uma vez que crescemos com as histórias das princesas que são salvas pelos príncipes e assistimos a romances em que mulheres vivem seu ápice no pedido de casamento e encontram plena satisfação no matrimônio — enquanto os homens se satisfazem com o acúmulo de patrimônio.

Passamos uma vida inteira aprendendo o que os homens gostam e o que os homens não gostam, e é isso que modula o nosso comportamento. Homem não gosta de mulher que fala palavrão, homem gosta de mulher bem feminina. Não gosta de mulher de cabelo curto nem de mulher fácil. Homem não gosta de mulher gorda, nem de mulher muito independente, a quem ele lê como agressiva e autoritária.

Não é preciso ponderar muito para entender que, nessa extensa lista do que os homens gostam ou não, o que verdadeiramente pode ser entendido como objeto de desejo e interesse dos homens são a submissão e a obediência femininas. Portanto, para ser o que os homens amam, precisamos odiar o que somos; é a lógica da misoginia implantada em nós. E é o ódio que sentimos por nós mesmas, é o nosso sentimento de inadequação e insuficiência que movimenta o masoquismo estrutural que faz com que ofereçamos o próprio corpo e a própria vida em sacrifício. E é também o ódio por nós mesmas que é projetado no ódio que sentimos das mulheres com quem rivalizamos.

AS MENINAS ENCASTELADAS: A FEMINILIDADE COMO LIMITAÇÃO

Tomamos a outra como inimiga porque precisamos odiar alguém como odiamos a nós mesmas. Odiamos outra mulher porque ela representa aquilo que queríamos ser e não somos ou aquilo que somos, mas não queríamos ser. Odiamos a outra por ela ser gorda, por não se depilar, por transar com quem quer; odiamos a outra por ter o corpo escultural, por ter um marido bacana, um cabelo bonito. Odiamos a outra como uma gestão libidinal que se esgota em nós para que não sobre ódio para os homens, para que fiquemos distraídas e não percebamos que, no fim das contas, nos odiamos por disputar o amor de um homem. Odiamos as mulheres porque nos sentimos incapazes de odiar os homens, a quem entendemos ser mais fortes, mais inteligentes e superiores a nós, portanto invencíveis.

Se eles são invencíveis... precisamos nos unir a eles, ou melhor, nos submeter a eles. Buscamos o amor dos homens porque no fundo buscamos proteção e validação, e entendemos que só os homens são capazes de provê-las. Portanto, os homens são postos no lugar de mestres das nossas vidas, uma presença desejada que nos confere valor — sermos escolhidas por um homem significa que cumprimos os requisitos de ser uma mulher ideal, o que significa que vencemos a concorrência, sendo eleitas as mulheres mais bonitas, mais femininas e mais interessantes no rol de mulheres à disposição dos homens, nos enchendo de alegria e autoestima.

O olhar masculino organiza a nossa vida numa dimensão emocional e psicológica também a partir de uma manobra que se dá na infância e que define quem será fraco e medroso e quem será forte e corajoso. Na lista das performances de feminilidade que ditam como a menina deve se comportar, há uma noção de fraqueza e incapacidade que não opera da mesma maneira na vida de meninos.

Se duas crianças brincam num parquinho, um menino e uma menina, e ele está com roupas confortáveis e sem o compromisso de manter uma imagem perfeita e inabalável, e ela, por sua vez, precisa arrumar o vestido, ajeitar o cabelo e sentar-se como uma mocinha, não é difícil saber quem vai se divertir mais. Nessa cena, sabemos também quem vai naturalizar mais as quedas e os tombos como parte da brincadeira, afinal de contas pode sujar a roupa e ficar com as pernas machucadas que não será um problema. É diferente das meninas, que não podem se arranhar para não ficarem com as pernas manchadas, e não podem sujar o vestido bonito que a mãe comprou para a princesinha.

As armadilhas da performance de feminilidade

Nessa cena, a menina será acudida mais rapidamente pelos pais caso venha a cair; diferentemente dos meninos, cujos pais julgam saber se virar. Tudo isso, que pode parecer inofensivo, vai criando nas meninas um senso de medo e incapacidade, enquanto gera nos meninos um comportamento corajoso e destemido. A infância é o espaço no qual essas distinções vão sendo incutidas, e as meninas vão sendo empurradas para a esfera doméstica e delicada e os meninos para os espaços públicos e de aventura.

Enquanto a menina brinca de boneca, casinha, cozinha e maquiagem, ensinamos que ela precisa saber cuidar de uma casa, aprender a cozinhar, gostar de servir e prover afeto. Assim, quando a menina fica mais velha, elogiamos aquela que sabe cozinhar dizendo que ela já pode casar, como se fosse uma obrigação da esposa cozinhar para o marido, esse que não precisa saber cozinhar porque supõe que alguém o fará em seu lugar. Quando fica mais velha, achamos natural que a mulher seja mais afetuosa e mais madura que o homem, ignorando o fato de que desde que elas são muito pequenas premiamos e incentivamos as meninas a preverem as necessidades afetivas dos adultos sendo muito bonitinhas, boazinhas e obedientes.

As meninas que obedecem, não contestam, não reclamam e se mostram sempre graciosas, arrumadas e alinhadas são chamadas de princesas, elogiadas e consideradas boazinhas. Os meninos que desobedecem, correm, se sujam e até mesmo se envolvem em brigas na escola estão apenas sendo crianças. Parece injusto, não? Pois é injusto, e também intencional. As meninas passam toda a infância sendo tratadas como mais frágeis e, por isso mesmo, desestimuladas a se envolver em brincadeiras de aventura ou a explorar os espaços por conta própria.

AS MENINAS ENCASTELADAS: A FEMINILIDADE COMO LIMITAÇÃO 71

Elas estão sempre tuteladas por adultos que lhes dizem como agir e que calculam quais riscos elas podem ou não correr. Com isso, a menina não desenvolve autonomia e entende que tudo é muito perigoso e inseguro para ela, e que, portanto, precisará sempre do auxílio de alguém que lhe diga o que e como fazer. Colette Dowling define esse fenômeno como complexo de Cinderela, que provoca uma profunda dependência psicológica nas meninas e culmina no medo da independência por não se acreditarem capazes de dirigir a própria vida.

Enquanto os meninos sabem que podem cair de bicicleta, ralar as pernas e sair com alguns hematomas das brincadeiras, e mesmo assim sobreviverão, as meninas não se sentem preparadas para enfrentar situações desafiadoras sem a segurança da presença de um adulto porque não confiam em sua própria capacidade de calcular riscos e superar desafios. Levamos esse medo para a vida adulta e podemos desenvolver características como medo de dirigir ou vergonha de falar em público, sofrer com a síndrome da impostora e com o medo do abandono. Aprendemos na infância que precisamos da presença de um adulto para garantir que estamos seguindo o caminho certo e seguro. Entretanto, quando nos tornamos adultas, entendemos que não temos essa capacidade, portanto precisamos de um homem — um pai, um marido, um chefe ou um mentor — que ocupe esse lugar.

Vejo mulheres incríveis, inteligentes, pós-graduadas, articuladas e muito competentes pensarem muitas vezes antes de falar, ou se sentirem inseguras ao fazer uma apresentação, tentar um concurso, investir no próprio negócio ou pleitear uma promoção no trabalho. Enquanto isso, vejo homens de extrema mediocridade e de conhecimentos rasos e superficiais assumirem posicionamentos com grande convicção e segurança, mesmo quando estão apenas falando o óbvio com o ar de quem inventa a roda. Isso tudo foi fundado na infância, e temos desde esse momento que autoconfiança é privilégio masculino e insegurança é inerente às mulheres. Tudo isso serve para a manutenção da desigualdade entre os gêneros e consequentemente para a manutenção da submissão feminina.

E é assim que os relacionamentos amorosos com os homens se tornam um destino para muitas mulheres. Se passamos toda uma vida aprendendo que os homens são mais inteligentes, mais interessantes e mais capazes, como não amá-los? Se aprendemos que precisamos de sua aprovação e validação para que tenhamos a nossa autoestima em dia e o nosso senso de autovalor certificado, como não nos esforçarmos para sermos amadas por eles? Se nos entendemos como frágeis e inseguras, como prescindir da segurança e proteção que só um homem pode nos dar?

Tudo na vida das mulheres foi criado para girar em torno dos homens. Ouvimos desde crianças que os meninos não gostam de meninas feias, passamos as noites de Natal ouvindo a família nos perguntar sobre os namoradinhos; enquanto estamos focadas na nossa carreira, escutamos que ficaremos para titias; quando decidimos viver a sexualidade livremente, escutamos que homem não gosta de mulher rodada e que, se formos muito exigentes, vamos ficar sozinhas.

Quando se trata das narrativas femininas, ninguém coloca a tônica na carreira, na independência ou na autoestima da mulher. Todos os interesses se voltam para o seu corpo ou seu relacionamento, enquanto sobre os homens não recai a pressão para exibir um corpo perfeito ou para um casamento. O homem solteiro é um *bon-vivant*; a mulher solteira é encalhada. A cena do casamento representa um homem vencido, derrotado com a típica frase *game over*; enquanto a mulher aparece reluzente e feliz, como se tivesse conquistado o maior objetivo de sua vida. O homem bem-sucedido é um exemplo; a mulher bem-sucedida deve ser uma megera mal-amada. O homem que exerce livremente a sua sexualidade é normal, inquestionável, enquanto a mulher que o faz é uma piranha. O homem que paga a pensão em dia e vê o filho a cada 15 dias é um pai exemplar cumprindo seus deveres; a mãe que faz o mesmo é uma mãe desnaturada irresponsável.

Não há possibilidade de as mulheres ocuparem os mesmos lugares que os homens e serem lidas da mesma forma. O mundo é um campo minado onde só um lugar parece seguro para as mulheres: o cargo de esposa. Mas nós já vimos aqui o que muitas vezes encontramos nesse lugar: exploração e abuso.

É exatamente aqui, no campo dos relacionamentos, que encontramos a armadilha apresentada para nós: o casamento como um espaço de supressão e manutenção da obediência feminina. Os furos nas orelhas nos ensinaram a mutilar o corpo em nome da beleza; a cartilha da feminilidade nos ensinou a engolir os incômodos e desconfortos para sermos agradáveis e boazinhas; as brincadeiras de panelinhas e casinha nos ensinaram a cuidar com primor de uma casa; as brincadeiras de boneca nos ensinaram a treinar a maternidade; e as revistas femininas nos ensinaram a enlouquecer um homem na cama: nos tornamos esposas perfeitas!

Belas, recatadas e do lar: esse é o objetivo-fim da performance de feminilidade, e assim a juventude e a força de trabalho da mulher são destinadas à manutenção do poderio masculino. Como? Enquanto somos ensinadas a cuidar do corpo e da beleza, deixamos de desenvolver habilidades que nos darão autonomia e independência. Enquanto aprendemos a agradar e conquistar um homem, deixamos de descobrir quais são os nossos verdadeiros desejos e vontades. Enquanto alimentamos o medo e a dependência, deixamos de experimentar prazeres e vitórias. E, enquanto estamos ocupadas nos transformando na mulher ideal, os homens estão prosperando na carreira, assumindo cargos políticos e decidindo as leis que incidirão diretamente sobre as nossas vidas, acumulando dinheiro, bebendo cerveja e jogando futebol enquanto alguém cuida de seus filhos, lava suas cuecas e faz sua comida.

Depois que tudo nos é tirado porque nos entendemos incapazes de assumir posições de poder, o casamento se torna o único destino disponível. Junto com o casamento, a maternidade, logicamente. Afinal, o destino de toda mulher que desde cedo brinca de casinha e boneca é ser esposa e mãe. Se o casamento é o espaço onde toda a desigualdade de gênero é reproduzida, na maternidade esse abismo se torna ainda maior. Hoje vemos um avanço das mulheres no mercado de trabalho, embora ainda haja uma defasagem de até 25% nos nossos salários quando exercemos a mesma função de um homem, segundo um estudo feito pelo IBGE em 2019.[15]

A atmosfera social que respiramos segue sendo mais densa e sufocante para a mulher do que para o homem. Com isso, embora não sejamos vistas como uma geração que fabrica donas de casa, os obstáculos que a mulher encontra em sua vida adulta são inúmeros, fazendo com que cada vez mais, a despeito dos avanços que fazemos, continuemos em posição de subalternidade em relação aos homens.

---

[15] BARROS, Alexandre. "Homens ganharam quase 30% a mais que as mulheres em 2019", *Agência de Notícias IBGE*, 6 maio 2020. Disponível em: <https://agencia-denoticias.ibge.gov.br/agencia-noticias/2012-agencia-de-noticias/noticias/27598--homens-ganharam-quase-30-a-mais-que-as-mulheres-em-2019>.

Todos os dias as mulheres enfrentam o assédio, a cobrança, a pressão, a carga mental e a exaustão. Cuidam da casa e dos filhos sozinhas, mesmo quando casadas, uma vez que naturalizamos que as mulheres são maternais e mais cuidadosas que os homens; enfrentam assédio sexual no transporte público, nas ruas e no trabalho.

Os assédios são costumeiros e compõem a nossa experiência como mulheres, de modo que temos nós mesmas que desenvolver formas de nos proteger dessas violências: seja nos organizando coletivamente para irmos embora em grupo, seja solicitando que um homem caminhe conosco até o ponto de ônibus, ou embarcando na ficção autoculpabilizadora da roupa que usamos ou da rua que atravessamos.

Estamos em jornadas contínuas de trabalho em que provemos as necessidades básicas dos filhos e da casa, somos a esposa meiga e carinhosa, batalhamos para desenvolver nosso trabalho driblando o chefe assediador e o colega de trabalho que rouba a nossa ideia ou nos silencia enquanto falamos. Temos menos horas de lazer e descanso porque estamos percorrendo a *via crucis* da beleza em horas exaustivas no salão ou na academia ou nas repetitivas e infindáveis tarefas domésticas. Somos cobradas para casar, caso estejamos solteiras; para ter um filho, caso sejamos casadas; para ter um segundo filho, caso tenhamos um; para dar mais atenção ao marido, caso estejamos dedicadas à carreira; para cuidar do corpo, caso estejamos no puerpério. Somos o tempo inteiro lembradas de que nascemos para servir, cuidar, obedecer e não reclamar, e com isso adoecemos.

Segundo uma pesquisa da Universidade de Oxford,[16] as mulheres têm 40% mais chances de sofrer de algum transtorno psíquico do que os homens, 75% mais chances de ter desenvolvido depressão do que os homens e 60% mais chances de ter desenvolvido ansiedade do que eles. Como, diante de tanto adoecimento, não estamos reclamando? Quando foi que passamos a naturalizar a exaustão feminina, e, mais ainda, quando foi que

---

[16] "Mulheres têm 40% mais chances de sofrer transtornos mentais", *INPD*, 26 jan. 2021. Disponível em: <http://inpd.org.br/?noticias=mulheres-tem-40-mais--chances-de-sofrer-transtornos-mentais#:~:text=Daniel%20Freeman%2C%20psic%C3%B3logo%20da%20Universidade,Unidos%2C%20Austr%C3%A1lia%20e%20Nova%20Zel%C3%A2ndia>.

nos tornamos incapazes de conduzir o nosso próprio destino se estamos literalmente dando a vida para sustentar os pilares da família e do trabalho?

A incapacidade feminina é um mito que nos mantém sob os olhos vigilantes da dominação masculina, que nos mantém trabalhando para manter a casa e a sagrada família enquanto os homens exercem seus podres poderes. É chegada a hora de despertar e de enxergar que somos nós, com nosso trabalho e nossa dedicação, que temos construído o mundo em que vivemos.

O preço que pagamos

Nós, mulheres, estamos adoecendo. Exaustas, desnutridas emocionalmente, o tempo todo invadidas pelo sentimento de culpa e de insuficiência, com a autoestima destruída. Temos o nosso corpo explorado em nome de um ideal de beleza, o nosso trabalho explorado em nome da manutenção do poder patriarcal, a nossa vida a serviço de uma sociedade que nos quer cada vez mais servis.

Estamos vulneráveis, e é esse o objetivo do sistema: nos deixar cada vez mais suscetíveis à narrativa da salvação. Diante desse contexto, não parece incoerente que desejemos ser amadas, poder deitar a cabeça no colo de alguém e descansar, ter alguém a quem dar as mãos e viver o nosso "felizes para sempre". Foi isso que nos prometeram, que era preciso suportar todas as dores para finalmente sermos recompensadas, e o acesso ao amor parece merecido, já que temos nos esforçado para cumprir todos os requisitos sendo mulheres amáveis e desejáveis.

Aprendemos aqui que todas queremos ser amadas, mas ninguém nos ensina a amar. Não aprendemos a nos amar porque não somos ensinadas a enxergar valor em nós; não aprendemos a amar outras mulheres porque as vemos sempre como rivais; não aprendemos a amar os homens porque ou aprendemos a temê-los ou a idolatrá-los e agradá-los.

A civilização sequestrou o amor para nos vender os mapas até ele, e o pedágio que pagamos para acessá-lo são as performances de gênero. Entretanto, nenhum desses caminhos nos leva ao amor. Passamos a vida inteira caminhando nas estradas esburacadas dos relacionamentos, onde sobram curvas acentuadas e faltam placas de sinalização.

Quando perguntamos por que uma mulher não saiu de uma relação abusiva na qual era vítima, estamos ignorando todas as estruturas sociais que a colocaram ali, toda a dinâmica patriarcal que pavimentou o terreno da relação abusiva no qual ela se viu inserida. Antes de viver um relacionamento abusivo, essa mulher aprendeu a dizer sim quando queria dizer não, esculpiu inesgotavelmente a própria aparência, se submetendo a rotinas intensas de exercício físico e dietas restritivas, abriu mão dos seus próprios desejos e vontades para não ser lida como egoísta e malvada. Antes de viver essa relação de dor, essa mulher se acostumou a fazer muitas coisas que a mantinham num lugar de dependência e submissão porque disseram que era isso que esperavam dela, era essa a performance que ela deveria desempenhar. Antes de entrar numa relação abusiva, essa mulher ouviu que as violências às quais era submetida — seja o furo na orelha, a proibição da realização de seus desejos ou o rigor sobre seu comportamento — eram para o seu próprio bem.

Como desconfiar que o homem que amamos e a quem nos dedicamos será o nosso algoz? Como desconfiar que será nesse lugar sagrado e afetuoso do lar que encontraremos as violências? Quem poderia imaginar que uma família patriarcal, fruto de uma sociedade patriarcal, produziria homens abusivos que acham que têm poder sobre as mulheres? Como poderíamos supor que, numa sociedade que ensina as meninas a serem princesas, encontraríamos mulheres exaustas, exploradas e violentadas?

Os sinais estão aí, sempre estiveram; nós é que demos outros nomes para as violências. É preciso abrir os olhos e enxergar as dinâmicas sociais que fundam e transmitem os valores culturais que naturalizamos e reproduzimos; é urgente nomear as práticas de continuação da misoginia e da opressão à mulher.

É urgente retomarmos o pleito ao amor. Não o amor romântico, que infantiliza e fragiliza mulheres enquanto produz homens heroicos e salvadores, mas o amor genuíno, que enxerga a própria diferença e as próprias sombras. É preciso estudar e conhecer a nossa própria história a fim de estabelecer outra modelagem familiar que não seja a patriarcal. É preciso uma família que se entenda verticalizada, onde as crianças não são impostas como artigo fetichista burguês, onde as figuras parentais entendem que essas crianças não servem para suprir as próprias expectativas e atender aos seus sonhos não realizados. Uma família onde, caso existam, os homens participem ativamente, dividindo de fato as tarefas domésticas com suas companheiras; onde a pessoa gestante puérpera tenha uma rede de apoio, assistência pública e a garantia de que não será demitida na volta da licença-maternidade, como são demitidas 50% das mulheres.[17] Uma família que não seja apenas a tradicional brasileira, composta por um homem e uma mulher, brancos, cisgêneros e heterossexuais numa mesa de café da manhã como na propaganda de margarina.

Para revermos o status inquestionável da família como manutenção da sociedade moderna, é preciso analisar o casamento como instituição jurídico-cristã e apostar na potência dos encontros oriundos das relações e na manutenção da individualidade nos relacionamentos, assim como o desenvolvimento do senso político e coletivo na criação das famílias.

O casamento como conhecemos hoje, explica Silvia Federici em *Calibã e a bruxa*, cumpre a função de manter o *status quo*: regula e controla a sexualidade das mulheres e organiza a sociedade a partir da exploração da capacidade reprodutiva das mulheres para viabilizar a dominação masculina por meio da manutenção da desigualdade de gênero, raça e classe.

A família tem também uma contribuição muito importante, que é a de continuar a reproduzir a cultura vigente, e o que eu proponho com este livro vai justamente na contramão dessa realidade: é preciso questionar tudo o que conhecemos e temos como normal até aqui; é preciso propor outras formas de se relacionar e de olhar para nós mesmos e para o outro.

Eu já estava no doutorado quando vivi a minha relação abusiva, já me sustentava confortavelmente fazia muitos anos, vivia livremente a minha sexualidade. E ainda assim, a despeito de tudo isso, eu me senti extremamente plena e satisfeita quando fui pedida em casamento.

Era como se finalmente tivesse percorrido todos os passos na jornada da mulher bem-sucedida: bem-sucedida profissionalmente e bem casada. Eu sabia que ele não era o homem mais interessante do mundo, enxergava as falhas e as problemáticas nele, e ainda assim me sentia sortuda por ter sido escolhida por um homem. Foi só algum tempo depois, estudando tudo que eu estudei, que entendi o que era o estatuto do ser mulher: mesmo que eu

---

[17] PINHO NETO, Valdemar. "Mulheres perdem trabalho após terem filhos", *Think Tank FGV*, 14 fev. 2019. Disponível em: <https://portal.fgv.br/think-tank/mulheres-perdem-trabalho-apos-terem-filhos>.

fosse bem-sucedida, livre sexualmente, com uma relação quase amistosa com o meu corpo e a minha imagem, eu ainda era uma mulher, e isso ainda me colocava em posição inferior em relação a ele.

Quando me separei, me debrucei profundamente sobre as minhas dores e entendi que queria ser amada. Amada, não escolhida. E isso mudou tudo. Entender que eu queria ser amada me fez repensar a forma como experimentamos o amor na vida, e me conduziu a um longo caminho que aproxima amor e submissão; um caminho que denuncia que não exercitamos o autoamor porque, para que a máquina do sistema continue nos moendo, é preciso que nós nos odiemos.

Entendi que eu merecia ser amada, e que não precisava passar por penitências para receber o amor como recompensa. Com isso, passei a não aceitar naturalmente desconfortos que antes aceitava sem questionar: passei a me posicionar com mais veemência, a não me silenciar em casos de desconforto ou injustiça, mesmo que isso implicasse constrangimento.

Passei a ler a mim mesma e aos meus desejos e, portanto, a ler o outro e suas intenções, e isso me possibilitou estabelecer limites, porque entendi que não estava ali para suprir as necessidades do outro e que essa pessoa não estava ali para me premiar, me validar ou me escolher, muito menos para me completar.

Foi revolucionário exercer o senso crítico com tanta perspicácia e o amor-próprio com tanto apaixonamento. Eu me apaixonei por mim porque enxerguei em mim a potência de quem havia salvado a mim mesma da treva emocional. Eu me vi muito foda: potente, gigante, fértil, poderosa. E, quando me enxerguei assim, sem as lentes do machismo incidindo sobre mim, me senti imbatível, maior, mais competente, mais invencível e mais forte que qualquer homem.

Saí da minha relação abusiva sem demonizar os homens, os relacionamentos, as famílias, muito menos o amor. Saí acreditando que os homens também são atravessados pelo machismo e que não são todos os homens que vão nos violentar e agredir; que os relacionamentos são consequências naturais da beleza e da potência do encontro entre pessoas bem-resolvidas consigo mesmas; que as famílias são um lugar de horizontalidade, crescimento e aprendizado mútuo, amor e diálogo e que o amor... Ah, o amor salva!

AS MENINAS ENCASTELADAS: A FEMINILIDADE COMO LIMITAÇÃO

Se o amor salva, você acha mesmo que ele estaria disponível e acessível para todos nós? Começamos este capítulo falando de amor e sobre como todos nós queremos ser amados; e apontei que somos ensinados a seguir um certo script para sermos merecedores desse amor. Localizei o eixo sexo-gênero-sexualidade como esse script a ser seguido a fim de garantir o acesso ao amor, e precisamos passar brevemente por algumas ponderações e questionamentos a esse respeito.

Aprendemos que o padrão é aquilo que a heteronormatividade define como a norma, que são a cisgeneridade, a masculinidade, a feminilidade e a heterossexualidade. Todos os corpos que transitam à margem desse lugar não entram no disputadíssimo jogo do amor, porque somos ensinados a repudiar, desprezar, reprovar e até mesmo violentar esses corpos. E que corpos são esses?

Primeiro é preciso evocar Angela Davis em seu livro *Mulheres, raça e classe*,[18] no qual retoma a história das mulheres por uma perspectiva das mulheres negras, apontando que elas foram escravizadas, desumanizadas, violentadas e sistematicamente estupradas. A riqueza e o acúmulo de capital que conhecemos se deram a partir da exploração do trabalho de pessoas negras que foram sequestradas de seus territórios e tratadas como mercadoria. Percebemos, então, que historicamente as performances de masculinidade e feminilidade não contemplam pessoas negras.

O homem negro não goza do mesmo prestígio que o homem branco; e a mulher negra não é lida sob a ótica de fragilidade e dependência da mulher branca. Essa lógica de desumanização que ainda incide sobre as pessoas negras fundamenta "o pacto narcísico da branquitude",[19] termo cunhado por Cida Bento, situando o racismo como um pilar estrutural do patriarcado enquanto estrutura de poder.

Essa é uma discussão urgente e muito necessária quando se fala em emancipação feminina, uma vez que o que temos visto nos últimos tempos é a queda na taxa de feminicídio entre mulheres brancas e o aumento entre mulheres negras. Esse dado mostra que o feminismo tem sido operado por mulheres brancas e que as estruturas de proteção às mulheres seguem os trilhamentos coloniais.

---

[18] DAVIS, Angela. *Mulheres, raça e classe*. Trad. Heci Regina Candiani. São Paulo: Boitempo, 2016.

[19] BENTO, Cida. *O pacto da branquitude*. São Paulo: Companhia das Letras, 2022.

O racismo deixa marcas sociais profundas, até os dias de hoje, que nos indicam que não haverá igualdade de gênero enquanto não se contemple igualdade racial. Se vamos questionar as performances de gênero que nos oprimem e nos objetificam como mulheres, precisamos questionar o aumento no índice de feminicídio entre as mulheres negras, a vulnerabilidade diante do aumento das taxas de desemprego e da informalidade e a ampla ocupação de mulheres negras em subempregos precarizados desempenhando o papel de empregadas domésticas nas casas de famílias brancas, muitas vezes sem amparo das leis trabalhistas. Se vamos questionar as performances de gênero, é preciso questionar por que a indústria da beleza ainda pouco contempla as mulheres negras e o quanto isso impacta sua autoestima.

Se o amor só estará disponível para corpos heteronormativos, as pessoas LGBTQIAP+ não se incluem nessa lista; são corpos marginalizados, têm seus modos de amar demonizados e repudiados e recebem a violência que visa reprimir quem ousar romper com a norma heterossexual da família tradicional de bem.

Se o amor não está disponível para todos, se é negociado, não é amor, é produto, é contrato. O amor como entendemos hoje exclui, segrega, violenta; nos submete a normas impostas para nos regular. Hoje, o que conhecemos como amor no cenário do patriarcado é uma overdose de machismo.

Democratizar o amor é torná-lo simples; é decifrar as armadilhas do sistema em que vivemos; é romper com a lógica de poder. Amar a nós mesmas, amar as mulheres, nos tratar com gentileza, questionar a norma, abrir os olhos e despertar: não há caminho que não seja o da desobediência. Fazer o que ninguém quer que façamos e não sentir medo é o primeiro caminho.

Desobedeçamos. Rasguemos os mapas. Vamos dar nomes aos *boi(γ)s*.

2

O BARBA AZUL E O DIABO

Em *Mulheres que correm com os lobos*, livro escrito por Clarissa Pinkola Estés, há um capítulo perturbador, incômodo e doloroso, que é, assim como neste livro, o segundo capítulo. Conduzi mais de cinco mil mulheres na leitura dirigida do livro dessa autora e, a partir da minha experiência, é no capítulo sobre o Barba Azul que elas geralmente interrompem a leitura, como se tivessem se encontrado com um obstáculo intransponível, uma dor que é difícil de atravessar.

Foi na leitura coletiva, a partir de exercícios propostos por mim e de conduções terapêuticas que auxiliassem a compreensão de tudo que o texto suscitava, que as mulheres puderam, literal e metaforicamente, ler o Barba Azul.

O conto do Barba Azul

Barba Azul era um mágico fracassado que tinha, como carrega em seu nome, uma barba de cor azul que lhe conferia um aspecto estranho e dava medo nas pessoas. Em busca de uma esposa, começou a cortejar as meninas de uma determinada família, levando todas, mãe e filhas, para um dia no bosque, com piquenique e muitas encenações de conquista e ostentação, inclusive um cavalo enfeitado que ele exibiu como parte de seu show de exaltações. Ao fim desse dia, a mãe e as filhas estavam de certa forma encantadas com o Barba Azul e começaram a se questionar se ele de fato seria tão estranho assim.

O mágico misterioso se interessou pela irmã mais nova da família, a quem ele percebera ser a mais vulnerável, e ela aceitou o pedido de casamento dele alegando que até que sua barba não era tão azul assim, sentindo que podia confiar naquele homem e dividir uma vida com ele. Ela consultou as irmãs sobre o pedido de casamento e elas não se opuseram; apenas reforçaram a estranheza em torno da barba azul dele.

Casada, a irmã mais nova foi morar no castelo do Barba Azul. Certo dia, ele lhe disse que sairia em viagem e avisou que ela teria livre acesso a todos os cômodos do castelo, entregando-lhe um molho de chaves. Mas fez um alerta: havia um único cômodo que não poderia ser aberto, e sua chave estava ali naquele molho, junto com as demais. A esposa acatou a decisão e chamou suas irmãs mais velhas para lhe fazer companhia enquanto seu marido estivesse fora. Assim que elas chegaram, a mais nova contou às irmãs mais velhas sobre o cômodo proibido, e elas instigaram a moça a abrir a porta para descobrir o que havia ali.

Em clima de brincadeira, as irmãs passearam pelo castelo tentando descobrir qual porta era aberta pela chave proibida. Até que a encontraram e a abriram, deparando-se com um quarto escuro, cheio de ossos e sangue. As mulheres ficaram assustadas e correram, fugindo daquele lugar secreto cheio de horror. Ao trancar a porta, percebem que a chave também estava sangrando. A irmã mais nova tentou lavar a chave, que permanecia sangrando; guardou a chave no bolso, que seguiu sangrando, e depois a escondeu no armário, onde não parou de sangrar.

Até que o Barba Azul voltou de viagem e a moça lhe entregou o molho de chaves — sem a fatídica chave sangrenta do cômodo secreto. Ao perceber que havia sido desmascarado, Barba Azul afirmou que sua esposa o havia traído e, em tom de ameaça, disse que ela era como todas as outras, o que levou a moça a entender que as ossadas encontradas no cômodo secreto pertenciam às esposas anteriores de Barba Azul que também haviam descoberto seu segredo. Portanto, ela seria a próxima.

A moça se dirigiu ao cômodo em que seria executada, mas antes elaborou um plano: ela pediria ao Barba Azul um instante para que pudesse

O BARBA AZUL E O DIABO

rezar. Enquanto isso, gritava em pedido de socorro às irmãs, solicitando que os irmãos mais velhos viessem lhe salvar em sua cavalaria. Até que Barba Azul entrou no cômodo, e, quando estava prestes a executar a moça que havia descoberto seu segredo, os irmãos chegaram, o capturaram e o mataram. Deixaram o corpo do Barba Azul para ser devorado pelos abutres, mas restou uma pequena mecha de sua barba, de azul marcante, que passou a ser exibida num convento de freiras depois.

Essa história traz muitas aproximações com a realidade de quem vive um relacionamento abusivo. Em *Mulheres que correm com os lobos*, Clarissa Pinkola Estés analisa cada elemento desse conto. O Barba Azul representa o homem abusivo nas relações amorosas, que sempre deixa rastros e marcas, e sempre se anuncia; representa também o predador interno, o agente autossabotador da psique feminina. Todas nós tivemos, temos ou teremos um Barba Azul, e todas nós enxergamos antes de tudo, pelas lentes da intuição, a sua barba azul.

A barba azul representa aquela característica inequívoca de alguém que se apresenta antes que a pessoa possa se dar a conhecer, que permanece ali de modo que não é possível enganar ou esconder. A barba do Barba Azul era azul; não era loira, nem ruiva, mas azul. Como pôde a irmã mais nova achar que não era tão azul assim?

Esse elemento da barba azul nos ensina a ler de forma mais crítica, sem duvidar das nossas percepções, os comportamentos dos homens com quem nos relacionamos. Às vezes, conhecemos um homem interessante, inteligente, atencioso; mas capturamos episódios de controle e agressividade, seja porque falou rispidamente com o garçom, seja porque destratou a mãe ao telefone, seja porque fez muitas perguntas em tom de ciúme sobre o nosso passado ou porque, numa crise de ciúme, falou em um tom mais alto. Capturamos ali, no estranhamento, uma mecha azul, um sinal, um marco, uma notícia: isso não engana. Por que não enxergamos? Por que ignoramos o sinal? Anos depois, quando todos esses sinais tiverem explodido em grandes bombas atômicas, vamos rever os fatos e dizer: "Os sinais já estavam lá."

No começo do conto, ficamos sabendo que a mecha da barba do Barba Azul estava guardada e emoldurada em um convento de freiras, o que representa a importância de deixarmos inscritas, marcadas, registradas no museu da memória as marcas do que reconhecemos como perigo. Para que não nos esqueçamos, para que não nos equivoquemos, não nos confundamos: é preciso registrar e lembrar-se dos sinais, uma vez que homens abusivos estão o tempo inteiro dando sinais.

Mentiras

Eu me lembro de que, quando reencontrei meu ex abusivo e retomamos o nosso relacionamento, eu cantava a música de Adriana Calcanhotto que diz "Eu vou enganar o diabo" e em vez de "diabo" falava "Eu vou enganar o ✶✶✶✶✶✶", dizendo o nome dele. Ali, antes mesmo de efetivarmos o namoro, eu já sabia que ele seria um demônio. E foi, porque o que eu vivi com ele foi um inferno. Anos depois, em análise e contando essa história, me culpando por ter caído naquele lugar mesmo quando meu inconsciente apontava que ele podia ser um diabo, minha analista me lembrou que o nome da música é "Mentiras". Eu me apaixonei por uma mentira, e por isso mesmo não pude ver o diabo.

A construção do personagem Barba Azul contribui para esse aspecto borrado e turvo da percepção do perigo, por comunicar com o desejo maternal implantado nas mulheres, uma vez que, por ser um mágico fracassado, misterioso e querendo uma esposa, ele mobilizava um sentimento de pena nas pessoas, principalmente nas mulheres.

Essa composição de um homem meio fracassado buscando o amor torna quase impossível imaginar que surgiria violência de um lugar que exalava tanta fragilidade. Era exatamente assim que eu me sentia na minha relação abusiva; embora cantarolasse que iria enganá-lo, eu sentia certa pena dele, até compaixão, uma vez que ele tinha me contado coisas muito íntimas e sensíveis sobre suas vulnerabilidades. Não parecia que ele poderia me fazer nenhum mal, não parecia que ele tinha poder para isso. Muito pelo contrário: como eu cantarolava, eu achava que eu é que poderia enganá-lo, não o contrário.

O BARBA AZUL E O DIABO

Essa construção de personagem é pensada, calculada e executada para que as mulheres sintam exatamente o mesmo que eu senti, o que a irmã mais nova sentiu: "Tadinho, a barba dele nem é tão azul assim, né? Até que ele é bonzinho!"

Clarissa Pinkola Estés também analisa o elemento do cavalo enfeitado, que o Barba Azul utiliza para impressionar a mãe e as filhas a quem ele desejava cortejar. Ela diz que o animal enfeitado é a forma como Barba Azul apresenta a sua própria versão animalesca: há o enfeite, há os adereços, mas segue sendo um cavalo, um animal. Ou seja, o cavalo enfeitado é o próprio Barba Azul: mesmo com os truques de mágica, o castelo bonito e a história triste, ele segue sendo um predador. É preciso atentar para os elementos que nos distraem de enxergar a barba azul, que nos fazem relativizar o perigo, que não nos permitem ouvir o alerta de fuga.

Muitas mulheres relativizam a barba azul do Barba Azul alegando que ele está vivendo um momento difícil no trabalho, ou que é apenas o jeitinho dele. As relações abusivas colocam as mulheres em posição de desculpar os homens que as agridem sem que eles tenham pedido desculpas, simplesmente porque aprendemos a assumir a culpa. Não vão faltar motivos para relativizarmos os abusos que são explícitos, por isso é importante que tenhamos traçadas e nomeadas as estratégias de manipulação que nos afastarão da constatação da realidade e que tenhamos preservada a nossa saúde mental, para que seja possível nos assegurar da percepção nítida e objetiva: a barba do Barba Azul é azul.

O conto evoca também a importância da união entre as mulheres: o Barba Azul corteja a moça na presença das irmãs e da mãe, que não dizem a ela que deve correr e não aceitar o pedido de casamento. Ou seja, nessa narrativa, o núcleo familiar não está preparado para identificar, transmitir e legitimar os pontos problemáticos e os sinais de perigo, e essa é uma constatação que vemos no seio das famílias: vemos nossas figuras parentais e parentes próximos negligenciarem seus incômodos com outros familiares, suportando desconfortos em nome de manter a família unida, sem ter coragem de fazer as rupturas necessárias.

Se for isso que aprendemos, será isso que vamos reproduzir, portanto o que vemos é mais uma vez a importância de um despertar coletivo, em que todas e todos nós possamos legitimar os nossos incômodos sem ter que nos submeter a eles em nome de uma norma ou a fim de agradar alguém.

Se a mãe e as irmãs fossem mulheres despertas, teriam alertado a menina. Mas, de certa forma, se não alertaram anteriormente, estiveram presentes como testemunhas e condutoras do processo de descobrimento. São as irmãs que instigam a moça a experimentar as chaves nas portas e a abrir o cômodo secreto. São as irmãs que estão presentes no momento final, quando convocam os irmãos em sua cavalaria para salvá-la.

Essa é uma metáfora importante para pensarmos os laços e as redes que construímos, tanto de uma forma quanto de outra: temos uma rede que está presente, nos conduzindo a enxergar o que não conseguimos ver? Temos uma presença amiga e parceira nos ajudando a atravessar a tempestade de um relacionamento abusivo? Ou estamos sozinhas? Temos sido rede, presença, cúmplices e testemunhas de nossas amigas que vivem uma relação abusiva ou apenas nos afastamos porque não suportamos conviver com o abusador? Se estivesse sozinha, a moça estaria morta ou alienada do fato de que dormia com o inimigo.

Convocando as irmãs mais velhas

Recebo muitas perguntas sobre como conduzir um caso em que percebemos que uma amiga está vivendo uma relação abusiva, e a resposta mais óbvia parece ser a denúncia: "Diga a ela que ela está vivendo um relacionamento abusivo!" Mas não, não é esse o caminho; aprendemos com a história do Barba Azul que definitivamente não é essa a saída.

Se você tem uma amiga que vive uma relação abusiva, não diga que o companheiro dela é violento — provavelmente ela já sabe, mas ainda não tem recursos, sejam eles financeiros ou psicológicos, para sair do relacionamento. A tendência é que uma mulher vivendo uma situação de abuso se afaste de seus amigos porque o abusador impõe o isolamento, começa a dizer que tem ciúme de todos os amigos ou criar boatos que acabam culminando numa intriga de fato: todos os amigos da mulher passam a sentir raiva do abusador e, às vezes, raiva da própria mulher por não enxergar que seu companheiro está criando intrigas e se afastam. Assim, o abusador tem um trunfo, pois cria uma profecia autorrealizável, dizendo que ela está sozinha, que ninguém gosta dela, que só ele vai aturá-la, que ela só pode contar com ele. E muitas vezes esse é um fato: a mulher fica isolada, sozinha, sem amigos, sem rede, contando apenas com aquele que a violenta.

Se você tem uma amiga vivendo uma relação abusiva, permaneça ao lado dela. Chame-a para sair, faça visitas à casa dela, tolere a presença incômoda do abusador em nome de se fazer presente na vida da sua amiga. Enalteça-a, levante sua autoestima, resgate seu senso de valor próprio e autoconfiança; diga como ela é bonita, inteligente e capaz. Elogie o que ela faz, seja um prato, um artesanato, a maneira como cuida do filho ou o que faz no trabalho.

Um relacionamento abusivo destrói a autoestima de uma mulher, que, por acreditar que não vale nada e que merece a violência que vive, encontra ainda mais dificuldades para sair. Assim, contar com uma presença afetuosa que está sempre por perto e que enxerga valor onde aquela mulher enxerga aridez é um grande passo para essa mulher se levantar contra a opressão que experiencia.

Outro caminho é introduzir essa temática de formas sutis, sem fazer acusações. Seja vendo um filme juntas, comentando o caso de alguma celebridade que viveu um relacionamento violento e deu seu relato na mídia, ou seja você mesma contando sobre as suas próprias experiências com homens e relações abusivas a fim de traçar uma identificação, de deixar aberto esse canal para que essa mulher gradativamente se sinta confortável para dividir com você o que vive.

Preste atenção em como você se refere às outras mulheres, principalmente às mulheres de quem você não gosta. Se você, numa conversa com a sua amiga que vive uma relação abusiva, fala que alguma mulher de quem você não gosta apanhou do marido porque não vale nada e é uma mentirosa, está transmitindo para a sua amiga que ela é culpada pela violência que sofre; se você diz que a mulher de quem não gosta foi traída porque é chata e ainda diz "Bem-feito!", você também está transmitindo para a sua amiga que ela merece o que vive, afinal de contas deve ter feito alguma coisa.

Traga sempre uma perspectiva empática sobre outros casos de violência, marcando como é difícil denunciar, com a mulher muitas vezes vive a violência em silêncio, como é difícil identificar. Crie um clima de facilitações para que sua amiga se sinta confortável em contar com você. É lógico que toda essa conduta delicada se dá quando a mulher que vive uma relação abusiva não está sob risco de vida, porque nesse caso a intervenção precisa ser mais rápida e incisiva. Mas, em casos de violência psicológica, esse é o script que precisa ser adotado desde o primeiro momento em que você percebe a barba azul.

No conto há também a representação das portas e da chave que revelam o segredo oculto. Clarissa Pinkola Estés se refere à chave, no conto, como a pergunta-chave que precisa ser feita, e numa relação abusiva as perguntas que incidem sobre nós são sempre: "Será que eu tô doida?"; ou "Será que eu entendi errado?". E essas perguntas tomam o lugar das outras perguntas que precisam ser feitas por quem vive uma relação, qualquer que seja: "Estou feliz aqui?"; "Essa relação me faz bem?"; "Eu me sinto amada e respeitada?"; "Quais instrumentos tenho para confiar nesse homem?".

As chaves mostram que a verdade sempre esteve diante dos nossos olhos e a chave que abre a porta do oculto sempre esteve misturada a todas as outras chaves a que temos acesso. Por que é tão difícil abrir essa porta? Por que é tão difícil enxergar a verdade?

As portas são uma proteção, um invólucro narcísico com que revestimos o outro a quem amamos, não querendo ver suas sombras, mas apenas as suas belezas, e isso se dá porque também temos dificuldade de ver as nossas próprias sombras e fragilidades. Assim, para não nos encontrarmos com a nossa fragilidade e a nossa vulnerabilidade diante do outro, preferimos não enxergar o potencial destrutivo e perverso do outro. Mas esse aspecto está aqui, debaixo do nosso nariz.

Quando as mulheres abrem a porta do quarto e se deparam com os ossos de outras mulheres, o conto evoca mais uma vez a importância de coletivizar os nossos movimentos. Os ossos representam as outras mulheres que vieram antes de nós e que de certa forma nos apontam os caminhos: sejam as nossas ancestrais, as mulheres da nossa família que sopram nos nossos ouvidos notícias dos passos que percorreram antes de nós; sejam as mulheres que se relacionaram com o nosso companheiro antes de nós. Como elas se referem a ele? Como ele se refere a elas?

Se ele diz que todas suas ex-namoradas eram loucas, saiba que a próxima ex louca será você. Quando ele diz isso sobre as antigas companheiras, não é sobre elas que ele está falando, mas sobre si mesmo e sua incapacidade de se responsabilizar. É preciso pescar os sinais e ouvir a voz que sopra em nossos ouvidos. Enquanto rivalizamos com outras mulheres achando que as ex-namoradas do nosso companheiro são mesmo loucas e invejosas, ou que as mulheres da nossa família já estão velhas e ultrapassadas, continuaremos reféns do predador.

Há um aspecto muito especial na história do Barba Azul que Clarissa Pinkola Estés chama de "recuar para dar a volta", um processo muito especial e importante que chama nossa atenção para respeitarmos o tempo de elaborar a violência que vivemos e traçarmos as estratégias para que seja possível obter o êxito na saída. Percebo isso na minha experiência clínica com mulheres que, uma vez entendendo que vivem uma relação abusiva, recuam do movimento de sair, como se tomassem um fôlego, um impulso, para elaborar a saída por uma perspectiva estratégica, a fim de que essa saída seja de fato efetiva.

Recuar para dar a volta e olhar pelo retrovisor

O "recuar para dar a volta" é um processo que requer também rede de apoio e suporte terapêutico. Em muitos casos, as mulheres precisam recorrer a uma assistência jurídica para entenderem seus direitos ao fim daquela relação ou para entenderem como judicializar as denúncias das violências vividas ao longo da relação; precisam de suporte psicológico para suturar e tratar as feridas que ficaram e da rede de apoio para viabilizar a conquista de um espaço livre e seguro.

Em tempos em que tudo é tão imediato e tão rápido, acabamos cobrando as outras mulheres e cobrando de nós mesmas que uma decisão seja tomada ao mesmo tempo em que tomamos consciência da violência que vivemos. Entretanto, o processo de despertar não se dá com o passar do tempo do relógio, e, sim, a partir do tempo do inconsciente, que Lacan entende como tempo lógico. Ele compreende que é necessário atravessar três tempos: o instante de ver, o tempo de compreender e o momento de concluir.

A chave representa no conto o aspecto que aponta para a abertura da porta secreta, e ela sangra incessantemente porque não é possível desver o que foi visto. Assim como a barba azul que indica que ali há O Barba Azul, a chave sangrenta denuncia que há fumaça e fogo. São os sinais explícitos, gritando para serem lidos, que permanecem como presença incômoda, sempre pairando no ar.

Ao longo de uma relação abusiva, muitas vezes negamos os sinais que são postos, mas eles permanecem ali, no ar, implorando para serem percebidos e atendidos. O nosso psiquismo levanta todas as bandeiras pedindo a fuga, instaurando assim uma guerra interna: a voz da intuição, que grita para sairmos de onde nos faz mal; e a performance de feminilidade, que diz que é preciso se submeter, que o amor tudo suporta. Esse conflito interno pende, de uma forma muito naturalizada e até mesmo desejada socialmente, para a vitória da performance de feminilidade, que exige que a mulher seja resiliente e obediente, tolerando os desconfortos e sacrificando sua intuição e até mesmo os seus próprios desejos em prol da relação.

O conto do Barba Azul também representa o relacionamento e o casamento como uma experiência de cárcere, localizando o marido como esse carcereiro que domina, regula e controla a vida da mulher, limitando seus movimentos e proibindo-a de viver uma vida livre. Esse encarceramento das mulheres nas relações esvazia a potência, a autonomia e as condições para que essa mulher saia dessa relação. Se a relação amorosa é, muitas vezes, essa prisão e é ao mesmo tempo tudo o que desejamos e almejamos, isso significa que estamos entrando nessas relações com os olhos vendados, portanto suscetíveis a não ver e não investigar, a não farejar os sinais.

Lembro que, enquanto vivia a minha relação abusiva, produzi nas minhas redes sociais uma cartilha do relacionamento abusivo, traçando o perfil psicológico do abusador e explicitando os ciclos do abuso nas relações. Quando saí da relação, reli a cartilha que havia produzido, e, quando li o perfil psicológico que tracei, notei que eu estava descrevendo ele, o meu predador, o meu carcereiro, o meu abusador. Como eu não vi? Como eu achei que ele era vítima e eu a culpada quando ele estava o tempo inteiro sendo o meu algoz?

Antes de morarmos juntos, empreendi nas minhas redes sociais o que chamei de Série Casamenteira, uma série de conteúdos sobre casamento na qual eu criticava os símbolos utilizados na cerimônia, e até mesmo o próprio casamento em si, demonstrando como historicamente o matrimônio e seus símbolos eram utilizados como forma de perpetuar a hierarquia de gênero que mantinha os homens em posição de poder e empurrava as mulheres para o abuso. Hoje, leio que todos esses movimentos que fiz sem identificar o meu abusador como abusador ou a minha relação como abusiva eram a minha chave sangrenta; eram um sinal do meu inconsciente me comunicando algo que eu não podia ver.

O estado

Um dia, numa das inúmeras discussões que tivemos, senti um impacto, um clique, como se alguma coisa estivesse acontecendo ali e eu estivesse podendo pegá-la pelas mãos pela primeira vez, mas era muito frágil e logo me escapava. No dia em que fui acometida por essa sensação, percebi que precisava ouvir, como quem dirige um carro e ouve um barulho estranho que não se sabe se é do ar-condicionado, do motor, da roda ou de algum objeto que ficou preso na lataria.

Lembro nitidamente da cena: eu estava chorando no sofá da sala, de frente para ele, que fazia uma cara de quem estava de saco cheio mas estava tendo a consideração de topar aquela conversa, mesmo que com grande má vontade. Ele falava entre os dentes, meias palavras, criando mais silêncios do que frases, mas as palavras e os silêncios me cortavam inteira feito navalhas afiadas.

Fui tomada por esse chamado das irmãs para abrir as portas e percebi que algo estava sendo dito ali. Chorando, quase me encolhendo no sofá, pedi a ele: "Fala de novo o que você disse? Repete pra mim? Eu preciso muito ouvir o que você disse!" Eu já tinha escutado, não era falta de compreensão ou de interpretação; era o exercício mecânico de fazer aquelas palavras entrarem nas fissuras dos cortes da minha carne provocados pelos silêncios e pelas palavras dele.

Enquanto ouvia, era como se eu cicatrizasse as minhas feridas jogando sal. Doloroso, precário, uma nova violência; mas me situava, me organizava, me apontava que eu não estava louca, que eu estava, sim, diante de alguém muito escroto.

Outro dia ainda, em outra discussão, quando eu já me sentia capaz de ouvir o que ele dizia, sem escapar ou deslizar para uma lógica que o desculpasse sem que ele precisasse pedir desculpas, sem considerar os traumas dele que pintavam de outras cores as dores que ele me causava, houve um acontecimento. Sempre que brigávamos e que eu apontava para ele as coisas que ele fazia que me machucavam — apontei de muitas formas, já havia sido doce, bem-humorada, explosiva, assertiva, desesperada —, ele, que não tinha argumentos e estava sempre em posição de encerrar discussões, dava um xeque-mate e dizia: "É, eu sou um merda mesmo!" Uma afirmação cheia de nuances que me colocavam numa posição delicada: se eu afirmasse que ele era um merda, estaria batendo em alguém que já havia se declarado nocauteado, estaria sendo má, e até mesmo injusta, afinal de contas ninguém é apenas uma coisa; mas, se eu negasse, era como se mais uma vez o estivesse desculpando sem que ele tivesse pedido desculpas.

O objetivo dele com aquela declaração era encerrar a discussão e imputar a mim uma frase que eu não disse, mas que havia saído da boca dele. Eu estava apontando outras coisas, não afirmando que ele era um merda; eu estava abrindo um diálogo, não decretando sentenças.

Mas nesse dia essa dinâmica de manipulação foi límpida como água cristalina para mim. Enquanto ele estava sentado na varanda, com uma mão jogando videogame no celular e a outra fumando o enésimo cigarro que invadia de fumaça tóxica aquela casa, sem nem olhar na minha cara enquanto eu falava o que sentia, ele repetia como um robô a famosa frase "É, eu sou um merda". Dei meia-volta, com raiva pela arrogância dele de se achar em posição de decidir quando terminar uma discussão, mas me preparei para ir embora. Fui atravessada por uma raiva que me invadiu do fio do cabelo até as unhas do pé, que mobilizou todas as células do meu corpo; e, com a fúria de uma loba, voltei para onde ele estava, enchi os pulmões de ar e disse bem alto: "Você é um merda mesmo!"; e bati com força a porta da varanda.

Ele desviou o olhar do jogo e me olhou assustado. Aquele dia foi oficialmente o início do fim: eu finalmente havia me autorizado a enxergar o quarto dos ossos e podia assumir que ele era um merda. Agora eu sabia que ele era um merda e ele sabia que eu sabia. Ele nunca mais usou essa estratégia como forma de encerrar conversas, e eu pude desmontar aquele homem na minha imaginação e enfrentá-lo na prática.

A partir daquele dia, eu estava pronta não para enganar o diabo, mas para enfrentá-lo; e sair vitoriosa como saí. Como fera ferida, acabei com tudo e escapei com vida. Tatuei quatro olhos pelo corpo, dois deles nas palmas das mãos, para que eu não me esquecesse de enxergar com os olhos, os poros, os pelos. Que eu não me perdesse de mim mesma e continuasse escutando a voz que vem de dentro, do fundo das entranhas, porque é aí, na minha intuição e na minha memória, que reside o mapa que me guia nas florestas que preciso desbravar.

3

A MASCULINIDADE TÓXICA: UMA PRODUÇÃO QUE ENCOBRE A FALTA

Se para as meninas a socialização impõe um comportamento de docilidade, domesticidade e obediência que as empurra em direção a todo tipo de relacionamento e lhes causa severos danos no desenvolvimento da independência e da autoestima, para os meninos a socialização opera de forma radicalmente diferente.

Entendemos aqui que a lógica da masculinidade advém da recusa à castração, um malabarismo psíquico e simbólico como forma de driblar a falta estrutural em todos nós. A masculinidade guarda íntimas relações com o falocentrismo, ou, nas palavras de Linn da Quebrada, a masculinidade, tal qual a própria definição do falocentrismo, é uma "farsa da força" que se representa "na força da farsa".

A construção de uma masculinidade predatória

Todo o campo da masculinidade será constituído a partir de insígnias fálicas que cumprem a função de obturar o óbvio: ser homem não confere nenhum poder especial. Se ser homem é tão simples quanto ser mulher, qual estratégia será necessária para que isso não seja percebido? É preciso produzir uma desigualdade, que será operada a partir da perspectiva falocêntrica e será efetivada nas performances de masculinidade. Se o mundo fosse operado por mulheres, a masculinidade seria uma doença, ou um crime; porque ela mata.

São os homens os que mais morrem e também os que mais matam. Segundo os dados do *Atlas da Violência 2020*[20] do Fórum Brasileiro de Segurança Pública, os homens representam 91,8% das vítimas de homicídio, e 75,7% das vítimas de homicídio são pessoas negras; são também os homens responsáveis por colocar o Brasil no quinto lugar no ranking do feminicídio no mundo. Segundo a *Pesquisa Nacional da Saúde de 2019*,[21] os homens consomem três vezes mais bebida alcóolica que as mulheres, e é também três vezes maior o número de homens que sofrem de alcoolismo do que o de mulheres.

Dados do Departamento Nacional de Trânsito apontam que 71% dos acidentes de trânsito no país são provocados por homens, e são também os homens 82% das vítimas de morte em acidentes de trânsito.[22] Em casos de suicídio, 76% são homens que tiram as próprias vidas. Mais de 90% da população carcerária do Brasil é também composta por homens.

Que subjetividade é essa que estamos criando nos homens em que eles se matam dirigindo irresponsavelmente, se envolvendo em brigas e discussões com armas de fogo, transgredindo as leis ao cometer crimes, assassinando e estuprando e até se suicidando? Como chegam a esse ponto? Qual é a raiz desse comportamento? A masculinidade mata, adoece, violenta; é a expressão mais cruel do poder e da perversidade, e ela começa a ser ensinada para os meninos desde muito cedo.

Mesmo antes de a criança nascer, quando se descobre que é um menino, vemos a família repetir frases como "Segurem suas cabritas que meu bode está solto!", ou mesmo fazer comentários absurdos sobre a genitália da criança ainda mesmo na maternidade, tal como "Maior sacão roxo,

---

[20] INSTITUTO DE PESQUISA ECONÔMICA APLICADA (Ipea). *Atlas da Violência 2020*. Disponível em: <https://www.ipea.gov.br/portal/images/stories/PDFs/relatorio_institucional/200826_ri_atlas_da_violencia.pdf>.

[21] INSTITUTO BRASILEIRO DE GEOGRAFIA E ESTATÍSTICA (IBGE). *Pesquisa Nacional de Saúde 2019*. Disponível em: <https://www.ibge.gov.br/estatisticas/sociais/saude/9160-pesquisa-nacional-de-saude.html>.

[22] "Dpvat: 71% dos acidentes no Brasil são provocados por homens", *Monitor Mercantil*, 13 jul. 2018. Disponível em: <https://monitormercantil.com.br/dpvat-71-dos--acidentes-nobrasil-s-o-provocados-por-homens/>.

esse vai me dar orgulho!". Estamos falando de um bebê, que começa a ser apresentado ao mundo com essa atmosfera de incentivo a um comportamento predatório que vai se perpetuar por toda a infância, adolescência e vida adulta do menino.

Se anteriormente falamos que o furo na orelha e as brincadeiras de bonecas e panelinhas encarceram as meninas na domesticidade e na dependência, é preciso rever como os comportamentos violentos, inconsequentes e irresponsáveis são ensinados aos meninos já na infância também. Há uma suposição cultural de que meninos são naturalmente mais destemidos e aventureiros, e essa suposição cria de certa forma uma espécie de profecia autorrealizável, porque oferecemos aos meninos meios para que eles desenvolvam coragem e independência, diferentemente das meninas.

Quando o menino ganha de presente na primeira infância um carrinho, um boneco de super-herói e uma bola de futebol, não estamos falando de quaisquer objetos. Estamos falando de artigos que cumprem uma função metafórica e simbólica que é veicular a masculinidade, incutindo na subjetividade dos meninos um modelo de comportamento a ser reproduzido. O carrinho indica que os meninos devem assumir o volante e o controle, devem percorrer livremente as vias e dirigir; e assim eles entendem que estão preparados para decidir qual caminho seguir, em vez de ter medo de não saber governar um carro ou de se perderem no caminho.

As brincadeiras de carrinho — que muitas vezes se dão com alguma violência, quando a criança faz os carrinhos baterem e capotarem — mostram o efeito da masculinidade sobre todos: um atropelamento. Assumindo o volante e o controle do carrinho, os meninos são ensinados também a assumir o controle de suas vidas, das narrativas e também dos corpos e das vidas das mulheres. Aprendendo a dirigir carrinhos os meninos são estimulados também a dirigir suas próprias vidas — e a vida de todos que se encontram subalternizados a eles, inclusive as mulheres.

O super-herói da brincadeira é mais do que apenas um personagem ou um boneco; é um espelho a ser seguido: musculoso, másculo, viril, corajoso, aquele que salva o mundo de todos os males. Com isso, o menino aprende que ser homem é ser aquele que vai salvar, e para isso é preciso que exista alguém em posição de apuro ou sufoco.

E por isso a performance de feminilidade se dá de forma tão complementar à da masculinidade, uma vez que prevê mulheres frágeis e dependentes e homens corajosos e heróis. Com os bonecos de super-herói, o menino tem um modelo a seguir: músculos para exalar virilidade, bravura para demonstrar coragem e violência para demonstrar poder. Brincadeiras de lutas e socos são permitidas, uma vez que a finalidade do super-herói é salvar o mundo e vencer a luta do bem contra o mal, então nesse caso a violência é permitida.

A bola de futebol representa a ideia de um talento natural que os meninos têm para serem resilientes, justamente porque são invulneráveis: podem cair, podem se machucar, podem se lesionar; e, mesmo assim, eles sobreviverão. Os esportes aos quais os meninos são incentivados, sobretudo o futebol, formam também uma justificativa inequívoca em que o homem adulto encontrará refúgio como seu momento sagrado de lazer. Ninguém contesta um homem que assiste uma partida de futebol toda quarta-feira com os amigos ou que joga bola na quadra do bairro toda segunda à noite, independentemente de o jantar ou a compra de mercado terem sido feitos ou não, de o filho estar com febre em casa ou não. Mas a mulher que assume o compromisso de ir ao cinema toda quarta-feira ou mesmo ir à academia toda segunda à noite será lida como uma mãe desnaturada e como uma esposa negligente.

No início da adolescência, um fenômeno muito peculiar e nada contraditório acontece: os meninos são estimulados a exercer sua sexualidade, enquanto as meninas são incentivadas a reprimi-la. Se estimulamos os meninos a viverem livremente a sexualidade, ficando com o máximo de meninas possível, muitas vezes financiando a pornografia que consomem ou facilitando o acesso à prostituição, e se ensinamos as meninas que viver a própria sexualidade livremente as fará carregar o título de puta, piranha e rodada, estamos dizendo que os meninos devem transar com quem? Se desde o ventre da mãe dizemos que as cabras deveriam estar presas porque o bode estaria solto, com quem esse bode se relacionará?

Se ensinamos os meninos a exercer livremente a sexualidade e as meninas a reprimi-la, temos aí o ponto mais embrionário da cultura do estupro: estamos ensinando os meninos a forçar a barra, invadir o espaço, se utilizar de manobras discursivas e emocionais para conseguir sexo com as mulheres a fim de provar sua masculinidade. Achamos muito engraçadinho e até natural quando os meninos falam sobre suas ficantes ou namoradinhas, e repudiamos com muito pudor e moralismo meninas que, na mesma idade, demonstram interesse sexual ou afetivo.

É no desenvolvimento sexual dos meninos que a masculinidade segue plantando suas nocivas sementes. O menino chega à adolescência com pleno entendimento de que o mundo pertence aos homens: percebe que em sua dinâmica familiar há um domínio patriarcal e rapidamente entende que as tarefas domésticas são sempre exercidas por mulheres, seja sua mãe, sua avó ou uma empregada doméstica. Ele então compreende que a função dos homens é mandar e prover e a função das mulheres é servir.

A ideia que os meninos, assim como todos os homens, têm de que as mulheres estão à disposição para atender às suas necessidades faz com que os homens se coloquem sempre como protagonistas das situações e das narrativas de uma forma muito egocentrada, em que apenas as necessidades deles importam. E justamente por serem sempre atendidos, uma vez que o mundo todo funciona para poupá-los do trabalho e servi-los com o que há de melhor, os homens não sabem se frustrar.

Os homens não sabem lidar com o "não" porque entendem que são irrecusáveis e sua satisfação é sempre irrestrita, portanto não aceitam limites ou negações. Por quê? Porque são, desde crianças, ensinados a tensionar esses limites, a transgredir, a conquistar territórios, a explorar. Desde crianças até a vida adulta, há um caminho de facilitação e acessos escancarados para os homens pelo simples fato de serem homens: a comida está sempre pronta, a roupa está lavada, há um colo afetuoso a acolher suas lágrimas e lástimas, não faltam mulheres à sua disposição, afinal elas são sempre ensinadas a se oferecer como objeto do desejo do outro para serem amadas. Os homens não encontram grandes barreiras para serem incorporados aos espaços sociais ou profissionais.

Enquanto uma mulher precisa todos os dias lavar sua própria louça e cozinhar a própria comida, o homem busca alguém que cumpra a função de esposa-doméstica, uma vez que cresceu ouvindo que mulher que cozinha bem já pode casar. Enquanto uma mulher precisa driblar o assédio sexual no transporte público e no trabalho, um homem simplesmente sai de casa tranquilo todos os dias sem medo de ser violentado, assediado ou estuprado. Enquanto uma mulher precisa driblar as inseguranças para se posicionar firmemente no trabalho, recorrendo aos seus próprios títulos e a argumentos factíveis para provar seu ponto, um homem fala o que pensa com grande convicção, afinal de contas, ele sabe de tudo. Enquanto uma mulher é cobrada por sua aparência e contestada sobre suas escolhas em qualquer espaço, os homens são elogiados por qualquer mediocridade. Enquanto uma mulher se preocupa com cada detalhe do seu corpo na hora do sexo, insegura com suas estrias, celulites e curvas, insegura se está dando prazer ao homem ou se aquela posição está favorecendo o seu corpo, o homem se preocupa apenas em manter a ereção e gozar.

A vida é muito mais fácil para os homens, e isso faz parte da produção de desigualdade que mantém nas mãos dos homens o poder. Essa hierarquia aponta também que, para os homens, as mulheres são meros objetos prontos a lhes servir e agradar.

A objetificação dos corpos femininos

A objetificação feminina se dá quando se naturaliza que as mulheres não têm vontade própria, que os interesses femininos não importam e que as mulheres estão sempre em posição de cuidar e prover as necessidades dos outros porque são "naturalmente mais maternais". Tirar a humanidade das mulheres, sequestrando seu senso de autonomia, independência e liberdade, ditando como elas devem se comportar, é uma forma de torná-las um objeto que está disponível para ser usado conforme a vontade de quem o possui.

Já falamos sobre como o corpo das mulheres lhes é expropriado, tornando-se um território público onde todos se sentem no direito de tecer comentários, fazer apontamentos e também invadi-lo. Desde pequenos os meninos observam que todo protagonismo é exercido por homens: na escola, leem autores homens, veem filmes protagonizados por homens, ouvem músicas cantadas por homens, votam em homens, são chefiados por homens, se inspiram em homens.

Como não querer ser um homem? Como não achar o máximo ser um homem? São eles que ocupam todos os espaços de poder e gozam dessa posição! E as mulheres? O que os meninos aprendem sobre as mulheres? Aprendem que são frágeis e precisam de proteção, observam nas revistas, na televisão e no cinema as mulheres sendo retratadas como corpos sexualizados ou protagonizando romances açucarados bobos e infantilizados.

Na vida real, a objetificação feminina está presente a todo momento: nos almoços de domingo a criança vê que, enquanto o pai bebe cerveja, a mãe cozinha; observa que, enquanto o pai assiste futebol, a mãe está estudando a nova dieta da moda; percebe que, enquanto o pai assiste às notícias do jornal pela manhã, a mãe se maquia no banheiro; constata que, enquanto o pai dirige o carro e viaja a trabalho, a mãe vai ao supermercado e faz a feira. Além disso, percebe que, quando uma mulher passa na rua, os homens voltam o olhar para o seu corpo e não se constrangem em fazer comentários do tipo "Gostosa!"; "Que rabão!". Ainda na infância, é na família que o menino vai ser estimulado a ter várias namoradinhas e ser o "comedor", que vai assistir os homens que ele admira falando de mulheres como se fossem um pedaço de carne.

É na adolescência que o menino vai ser exposto à pornografia, que lhe causará danos profundos por toda a vida adulta. A pornografia veicula a cultura do estupro porque encena um sexo violento, que simula uma violação do corpo da mulher em que ela aparenta gostar; apresenta como naturais corpos absolutamente artificiais: pênis absurdamente eretos, seios duros e redondos, barrigas chapadas. Em muitas produções, o corpo da mulher é tratado como um buraco sendo invadido por um ou mais pênis, em closes ginecológicos, sob movimentações agressivas e violentas, muitas vezes com agressões físicas, sob a justificativa do sadomasoquismo.

Será também ensinado ao menino, na adolescência, que existem mulheres à sua disposição, de quem eles podem comprar o consentimento a partir da prostituição. A existência da puta vem também a serviço da manutenção do controle da sexualidade feminina, dividindo as mulheres entre as santas e as putas. Essa divisão é interessante para a manutenção

A MASCULINIDADE TÓXICA: UMA PRODUÇÃO QUE ENCOBRE A FALTA   101

do poder masculino porque é o olhar do homem que identificará quem é a puta e quem é a santa; e a puta ele pode violar, é um corpo feito para ser oferecido a seu prazer. Diferente da santa, que merece o respeito, podendo ser elevada à dignidade de esposa. Entretanto, também se exige das mulheres que nos comportemos como "uma dama na sociedade e uma puta na cama", o que coloca a mulher sob uma dupla subordinação: seu comportamento serve ao homem e à sociedade e seu corpo também.

Socialmente é preciso que sejamos santificadas, obedientes, de comportamento exemplar; mas, quando se trata de sexo, é preciso satisfazer um homem na cama para que ele não procure esse prazer fora de casa. E, se a nossa preocupação é ser uma boa esposa, pouco importam os nossos planos e projetos, os nossos desejos individuais. Assim como, se estamos preocupadas em dar prazer a um homem, pouco importa se aquela prática sexual não é prazerosa para nós, se nos machuca, se incomoda, se nos constrange.

Nosso dever é servir e dar prazer ao outro; e mais: nos sentimos regozijadas quando, depois de um sexo em que não gozamos, o homem goza e diz: "Nossa, você é muito gostosa!" Sentimos como se tivéssemos cumprido o nosso trabalho, mesmo não tendo extraído nenhum prazer dali, a não ser o prazer de receber do homem o título de "gostosa".

Essa distinção entre a santa e a puta fundamenta também toda a fetichização em torno da virgindade, que os meninos entendem como um prêmio a ser recebido por eles e as meninas como um troféu a ser entregue para alguém. O grande valor atribuído à virgindade feminina serve para manter o controle sobre a sexualidade das meninas, para que elas utilizem a virgindade como um atributo que lhes confere valor por ter renunciado ao próprio exercício sexual e que, portanto, aumentará sua importância aos olhos dos meninos.

Os meninos, por sua vez, enxergam a virgindade feminina como um território que eles precisam conquistar: se a virgindade é algo que as meninas tratam com tanto valor, de forma sagrada e valiosa; se ela escolhe entregar àquele menino a sua virgindade, significa que ele foi o preferido dentre todos os outros, portanto ele é especial.

A tudo que reconhecem valor nas mulheres está atribuída uma renúncia: ela é uma boa mãe se abre mão da própria vida; é uma boa esposa se abre mão da própria individualidade; é uma boa mulher se abre mão da própria sexualidade. Ao mesmo tempo, tudo que se refere à masculinidade ganha valor por se tratar de um acúmulo: a quantidade de bens, a quantidade de dinheiro na conta, a quantidade de mulheres, a quantidade de carros.

Entre excessos e faltas

É também na adolescência que os excessos serão permitidos aos meninos: entendemos como natural que meninos consumam álcool em excesso, que sejam "inimigos do fim" nas festas que frequentem, que dirijam em alta velocidade. A masculinidade é essa prática ostensiva e violenta que convoca os meninos a irem sempre além, a forçarem a barra, a desafiarem seus limites.

O homem que se recusa a beber litros de cerveja é um "frouxo"; o homem que se recusa a tratar as mulheres como uma boneca de plástico é um "maricas"; o homem que faz as tarefas domésticas é um "viadinho". Tudo o que foge a essa performance violenta de masculinidade será lido como feminino, e os homens têm horror de serem colocados no lugar de uma mulher. Portanto, a masculinidade impõe também esse pacto que desafia os homens a serem cada vez mais violentos, mais irresponsáveis e mais desregrados, porque isso seria a marca de que são mais homens.

Toda a construção da masculinidade como armadura impõe também uma renúncia: a renúncia à sensibilidade, que é considerada uma característica feminina. Portanto, homens não choram, não sentem medo, não se emocionam; precisam ser sempre corajosos, destemidos, fortes e invulneráveis, e isso é também violento.

É humano ser atravessado pelas emoções, circular pelas possibilidades de prazer que a sensibilidade traz; é humano ter medo, hesitar, colocar limites, preservar a vida. E os homens entendem que tudo que os vulnerabiliza não cabe nas performances de masculinidade, porque os coloca diante da possibilidade de perda: perder o controle, perder o suposto poder, perder o domínio.

A MASCULINIDADE TÓXICA: UMA PRODUÇÃO QUE ENCOBRE A FALTA   103

Com isso, criamos homens que não aceitam perder porque não aprenderam a lidar com a frustração; homens que conquistaram tudo porque os acessos lhes foram facilitados ou porque forçaram a barra. Homens que tratam mulheres de forma hostil e violenta apenas para manter a hierarquia entre os gêneros; homens despendendo um soberano esforço para carregar o pesado fardo da masculinidade, mas completamente indispostos a abrir mão dele.

Eu, como psicanalista, testemunho a absoluta pobreza emocional que os homens experimentam. Vivem na tensão de sustentar seus privilégios, completamente adoecidos psicologicamente sem endereçar esse sofrimento a um profissional qualificado, afogando as mágoas no álcool e nas drogas, sofrendo com o vício em pornografia e a compulsão pela masturbação, tendo uma vida sexual insuficiente com ejaculação precoce ou dificuldade de sustentar uma ereção; resolvendo seus conflitos com violência e agressividade.

Vejo homens sobrecarregando suas companheiras com as suas questões emocionais, em vez de discuti-las entre seus amigos, a fim de repensar outra posição na vida que não seja a violência da masculinidade, ou mesmo de procurar um psicólogo. Vejo homens formando a fortaleza da aliança masculina que protege outros homens e a eles mesmos, deixando de apontar uma postura execrável de um colega. Para não assumir uma posição de transformação que lhes tiraria do lugar cômodo e privilegiado da supremacia masculina, homens não se responsabilizam por suas próprias atitudes, transferindo sempre a culpa para alguém. Não repensam a forma completamente ausente com que exercem a paternidade porque não se debruçam sobre suas próprias experiências traumáticas de infância, quando muitas vezes também tiveram um pai ausente; mas, como aprendemos a partir da trama edípica, um homem precisa sempre honrar seu pai.

A maioria dos homens não tem repertório emocional, não sabe nomear ou identificar o que sente porque eles simplesmente não foram ensinados a fazer isso; foram ensinados a exercer poder, não a desenvolver sensibilidade. Isso ficou para as meninas.

Os homens também têm dificuldade em ter empatia, justamente por não desenvolverem a sensibilidade, o que lhes confere um comportamento fortemente egocentrado, focado em suas próprias necessidades. Diferente das meninas, que foram ensinadas desde muito novas a prever as necessidades do outro a fim de sempre agradar.

Há um forte sentimento de insegurança nos homens que é suprimido e recalcado pelas insígnias de força e poder da masculinidade, mas que comparece nos espaços íntimos dos relacionamentos — e nos consultórios psicológicos. Entretanto, os homens não se responsabilizam por suas inseguranças e as transferem sob a forma de controle e violência sobre a companheira, achando que, para não se sentir dessa forma, a companheira deve se esforçar para não deixá-los inseguros; e esse é um comportamento abusivo.

É preciso discutir a forma como a masculinidade se constituiu porque ela é predatória, ostensiva, hostil e violenta. A masculinidade repudia a diferença e hierarquiza as relações a fim de manter a dominação masculina. É possível haver outra constituição psíquica e social, e para isso é preciso que os homens se debrucem sobre suas atitudes, se comprometam em seus processos terapêuticos e enxerguem as mulheres como sujeitos autônomos, independentes e completos.

A masculinidade cis e branca é vista como universal. Ela será cobrada de todos os homens, e todos eles serão punidos caso recusem essa posição. No entanto, os homens negros não gozam dos privilégios da masculinidade, porque, como aponta Frantz Fanon em *Pele negra, máscaras brancas*,[23] a humanidade das pessoas negras é retirada e o homem negro atende pelo lugar marcado de homem negro, não do lugar universal do homem branco. Enquanto os homens brancos ocupam as posições de poder, os homens negros seguem sendo vítimas do genocídio da população negra, seguem ocupando cargos de subalternidade em relação aos homens brancos e sendo por eles explorados.

Carla Akotirene, em seu livro *Interseccionalidade*,[24] defende a íntima relação entre gênero e raça e afirma que é no espaço doméstico que o homem negro vai exercer o poder que exercem sobre ele na vida; portanto, as

---

[23] FANON, Frantz. *Pele negra, máscaras brancas.* Tradução de Sebastião Nascimento e colaboração de Raquel Camargo. São Paulo: Ubu Editora, 2020.

[24] AKOTIRENE, Carla. *Interseccionalidade.* São Paulo: Sueli Carneiro; Pólen, 2019.

A MASCULINIDADE TÓXICA: UMA PRODUÇÃO QUE ENCOBRE A FALTA   105

mulheres negras são o grupo mais vulnerável às violências, porque sofrem a violência racial e de gênero; sofrem a violência da branquitude racista e sexista e também de seus pares, que dividem com elas a experiência de luta racial mas que tratam a mulher negra como sua subalterna.

Os homens gays também são atravessados pela masculinidade, reproduzindo machismo e misoginia. Há uma segregação do homem gay afeminado e uma exaltação do homem gay padrão masculinizado, que nada mais é que a mesma versão da hierarquia em questão na heteronormatividade.

Mesmo que a população gay sofra de homofobia num país tão conservador como o Brasil, e sendo a homofobia uma filha do machismo, uma parcela dessa mesma população reproduz entre os seus grupos a misoginia. Ou seja, não basta transgredir as normas postas pela heteronormatividade se os pilares da masculinidade não forem demolidos.

Compreender a masculinidade como aquilo que temos de mais tóxico nos processos de subjetivação de gênero é fundamental, mas é também necessário identificar quais diferentes nuances a masculinidade pode assumir, uma vez que o machismo é uma tecnologia refinada e vai hackeando o sistema a fim de mudar suas facetas e fazer adaptações para continuar dominando.

Para isso, trago a partir de agora cinco perfis psicológicos de homens que operam a masculinidade de forma clássica ou reinventada. Dois desses perfis são de domínio público, consagrados pela cultura; três deles foram nomeados por mim a partir das minhas experiências e percepções.

O machão

Roberto, 32 anos, engenheiro. Dirige um carro alto, se orgulha de ter um estilo bruto e sistemático, bebe bastante cerveja, é sempre o último a ir embora do bar e, quando vai a uma festa ou comemoração, segura as mulheres pelo braço e força o beijo. Afinal ele é irresistível.

Marcelo, 45 anos, dentista, evangélico. Casado há quinze anos, tem uma amante vinte anos mais nova e é cliente assíduo do ponto de prostituição perto do trabalho, mas diz que mulher dele não usa batom vermelho ou roupa curta. Convenceu a esposa a parar de trabalhar fora para se dedicar à casa e aos filhos, e dentro de casa conduz com violência, gritos e castigos o que ele chama de "educação das crianças".

Felipe, 36 anos, médico, solteiro. Troca de carro todo ano e só dirige veículos importados. Não aceita transar de camisinha, assedia a secretária do consultório e na faculdade forçou sexo com uma colega de sala que estava embriagada.

Gabriel, 23 anos, desempregado. Frequenta a academia assiduamente, se alimenta de ovos, batata-doce e *whey protein* e cultiva muitos músculos com o auxílio de Felipe, o médico, que lhe receita hormônios de crescimento. Dirige o carro da mãe com um braço para fora e apenas uma mão segurando o volante, enquanto uma música altíssima toca no rádio. Comenta com os amigos tudo que fez no último date e não economiza nos detalhes, mostrando até as nudes que a moça lhe enviou.

Qual é a semelhança entre esses homens? São homens convictos de sua superioridade como pessoas, enrijecidos pelo machismo e pela autoestima delirante, que lhes conferem uma posição de poder soberana em todas as relações. São o que chamamos vulgarmente de "macho escroto", nome que carrega a marca dessa animalidade e precariedade. O macho escroto faz uso ostensivo das insígnias falocêntricas de masculinidade e toma tudo como objeto: carro, dinheiro, mulheres e até mesmo a própria família.

Sua personalidade é construída sobre as coisas que tem, não do que ele é, porque, lá no fundo, ele é extremamente vazio. Ele se define como rico porque tem um carro importado, ainda que tenha sido financiado em 36 vezes; como inteligente porque tem um diploma, mesmo que tenha pagado alguém para fazer seu trabalho de conclusão de curso; como pai de família porque é casado e tem filhos, mesmo traindo a esposa e não sabendo o nome da professora do filho; como um homem bonito e perfeito à custa de humilhar mulheres, apontando com quais delas não ficaria e por quê — como se aquelas mulheres quisessem ficar com ele.

O macho escroto não precisa fazer uso do artifício da manipulação porque exerce comando e domínio, portanto não precisa se dar ao trabalho de manipular. Ele é objetivo e literal, como um tirano ditador. Sua autoestima delirante o coloca em um lugar de superioridade apenas pelo fato de ser homem, e, para garantir a inviolabilidade desse lugar, ele é contra o feminismo e todos os movimentos sociais identitários que lutam por igualdade, aos quais chama de "mimimi".

Afirma que as feministas são mulheres feias, gordas, que não se depilam, mal-amadas e "mal comidas". Garante que o filho dele não seria gay e que, se fosse, era com uma surra que resolveria. Não tem nenhum pudor em fazer comentários obscenos e absurdos sobre os corpos das mulheres: fala numa roda de amigos sobre o corpo daquela com quem saiu ontem, envia muita pornografia nos grupos de WhatsApp e comenta sobre a cor da genitália das mulheres, assim como faz comentários pejorativos sobre o corpo de mulheres que quer depreciar.

Na vida pública, o macho escroto está acima de qualquer lei. Dirige embriagado, não paga os direitos trabalhistas aos seus funcionários, não respeita o limite de velocidade no trânsito, sonega impostos e se orgulha de ter todos os preconceitos que lhe renderiam um processo judicial. Ele se garante no próprio privilégio, realmente se perdeu no personagem de super-herói da infância e acha que vai escapar ileso de qualquer consequência de suas atitudes. Às vezes reveste o comportamento hostil e violento com outra roupagem que também exala poder: a burocrática, a política ou a espiritual. Pode ser o CEO de uma empresa, um policial militar, um deputado, um pastor ou um presidente da república — e, ocupando essas posições, ele se sente no direito de comandar tudo e todos.

Num relacionamento, o macho escroto trata com muito rigor a divisão entre as mulheres: as santas e as putas. Essa distinção não serve para que ele escolha quem vai respeitar, porque ele não respeita nenhuma delas, mas para que atribua um uso para uma e para outra. Ele, um exímio consumidor de pornografia e prostituição com grandes tendências à cultura da pedofilia, se interessa por vídeos que tenham "novinhas" no título e prefere se relacionar com mulheres muitos anos mais jovens.

O macho escroto tem uma definição completamente machista para a santa e a puta: a mulher santa é para casar, é a mulher discreta, feminina, que cuida da aparência, mas não se vulgariza, dedicada às tarefas domésticas, a mulher que fala baixo, não fala palavrão, não reclama de nada. A puta, para ele, é qualquer mulher que tem comportamentos mais livres e autônomos, seja em relação à própria sexualidade ou à própria vida. Portanto, a mulher que transa com quem quiser é puta. Mulher que se veste como quer, mostrando a pele com decotes e roupas mais curtas, é puta. Mulher que usa maquiagem mais carregada, batom vermelho, unhas grandes, saltos altíssimos e tatuagens é puta. Mulher que tem amigos homens, que viaja sozinha ou com os amigos, que dança, se diverte e bebe todas é puta.

A mulher santa é frágil, delicada e obediente. Preferencialmente virgem, para que não tenha outras referências sexuais que não o macho escroto; assim ela achará normal o sexo estilo britadeira que ele faz. O macho escroto escolhe a mulher que julga santa para um relacionamento porque supõe que ela é mais frágil e mais manipulável, que se contentará com o que ele oferece, já que ela se limita à família e ao relacionamento.

Essa distinção entre a santa e a puta cumpre uma dupla função: depois de ter criado o arquétipo da puta conforme sua ótica machista, o macho escroto alega que ela merece ou "está pedindo" as investidas desrespeitosas que ele faz. Se sente no direito de assediar as mulheres no transporte público, no trabalho ou na balada alegando coisas como: "Mas olha a roupa dela. Estava pedindo!"; "Ela estava gostando. Eu vi!"; "Se ela se desse o respeito, não estava naquele lugar!". Ou seja, ele não se vê como alguém violento, invasivo e assediador: acha que foi a mulher que não se deu o respeito. É também com o fantasma da puta que ele assombra a santa: regula com rigor o comportamento da mulher com quem se relaciona a fim de que ela não saia da linha que ele traçou como sendo a ideal.

Em nome disso, o macho escroto mostra comportamentos extremamente abusivos num relacionamento: controla a roupa que a mulher usa, dizendo explicitamente que mulher dele não usa aquele tipo de roupa, ou decretando que aquela é uma roupa de puta. Invade a privacidade da mulher, exigindo as senhas do celular e das redes sociais — e alega que quem não deve não teme. Controla com quem ela sai e para onde vai, fazendo um jogo que tem uma dupla função: exercer controle sobre ela, mantendo a companheira sob seu domínio, e isolá-la de sua rede de apoio.

Ele se incomoda com o fato de a companheira ter uma carreira e se dedicar ao trabalho; aliás, é por isso que ele se relaciona apenas com mulheres muito mais novas, que ainda não têm uma carreira, ou com aquelas

A MASCULINIDADE TÓXICA: UMA PRODUÇÃO QUE ENCOBRE A FALTA   109

que estão numa posição social inferior à dele, pois assim fica mais fácil elas cederem à sua proposta: ele quer uma mãe para os filhos dele, então não tem necessidade de trabalhar, já que ele pode prover o lar. A posição de provedor inclusive é o maior fetiche do macho escroto, porque assim ele assume o poder na relação e determina qual é a moeda a ser paga e quanto ele vai pagar nessa relação: é o típico homem que paga duzentos reais de pensão e acha que fez um grande feito; ou o homem ausente e violento que paga o aluguel e as compras do supermercado e acha que é um super-herói por isso. Ser o provedor do lar o isenta de comparecer emocionalmente e com responsabilidade nas relações — assim pensa o macho escroto.

O macho escroto não faz rodeios para exigir o que quer. Ele se sente no direito de fazer comandos e exigências. Quer que a companheira prepare as refeições todos os dias e cuide da casa, que ela cuide do corpo, e não hesita em fazer comentários que a depreciem, dizendo, por exemplo, que ela está gorda ou feia. Exige e força sexo mesmo dentro da relação porque acha que a função da mulher é agradar o marido.

O macho escroto faz uso da violência de muitas formas: verbal, psicológica, moral, patrimonial e até mesmo sexual e física. Ele diz que é a mulher que o faz perder a cabeça, e que toma as atitudes que toma porque é homem e ela é mulher, e os dois precisam seguir à risca o que determina a cartilha das performances de gênero.

O esquerdomacho

Ricardo, 35 anos, professor universitário. Dá aula no curso de História, aperta um cigarro de tabaco enquanto ouve um disco de vinil do Gilberto Gil em sua vitrola num apartamento com chão de taco e samambaias, em Laranjeiras. Ricardo ensina História do Brasil numa perspectiva decolonial, mas costuma ficar com suas alunas e não assina a carteira da funcionária que limpa sua casa.

Francisco, 27 anos, cursando mestrado em Ciência Política, filiado a um partido de esquerda, leitor voraz de autores de filosofia e sociologia. Propôs à sua companheira uma relação aberta, pois é contra a monogamia, mas sempre interfere nos encontros que ela tem; sua intenção é inibi-la de viver encontros dentro do tipo de relacionamento que ele mesmo propôs, e aos quais não deixa de ir.

Eduardo, 43 anos, jornalista, vegano, escritor, ativista dos direitos humanos. Só se relaciona com mulheres vinte anos mais jovens e gosta de palestrar enquanto bebe seu uísque, interrompendo as mulheres ou explicando para elas como funciona um ciclo menstrual ou quais foram os fundamentos da aprovação da Lei Maria da Penha.

Rodrigo, 22 anos, estudante de biologia em uma universidade federal, veste camisas com a estampa do Che Guevara, compra maconha de qualidade duvidosa diretamente na boca e revende drogas sintéticas também de qualidade duvidosa nas festinhas da faculdade. Rodrigo é desconstruidão: nas festinhas, beija meninos e não acha o prazer anal um tabu — mas jamais transaria com um homem. Pinta as unhas e às vezes usa saia. Afirma-se um homem feminista, mas Rodrigo xinga a mãe quando ela não lhe dá dinheiro, não colabora em nada dentro de casa e já tirou a camisinha no meio do sexo enquanto transava sem que a parceira percebesse.

Esses homens são o que chamamos de esquerdomachos, uma versão politizada do machão: eles parecem ter consciência crítica e social, mas são machistas do mesmo jeito. São homens com mais repertório intelectual que o macho escroto; que entendem as dinâmicas hierárquicas da sociedade, mas não abrem mão de seu lugar de privilégio.

Diferente do macho escroto, o esquerdomacho precisa fazer uso de seu arcabouço intelectual para manipular, porque já entendeu que movimentos de controle sobre a vida da mulher são abusivos, violentos e tipicamente machistas — e se tem uma coisa que o esquerdomacho não gosta é ser chamado de machista. Ele se orgulha muito de ter lido Simone de Beauvoir, Audre Lorde, Angela Davis e Silvia Federici. Considera-se feminista e frequenta as marchas e manifestações em favor dos direitos das mulheres.

Costuma ter muitas amigas mulheres, inclusive já se relacionou com várias delas, e se orgulha da maturidade com que se relaciona com amigas, ex-namoradas e ex-ficantes, tratando todas com tanto respeito e cortesia. Entretanto, nessas amizades com as mulheres, o que parece uma reciprocidade logo se desvela num interesse sexual disfarçado, uma vez que ele não se coloca disponível emocionalmente para escutar e estar junto das amigas. Mas ele quer que toda mulher o ouça e aconselhe, e mesmo beba um vinho com ele enquanto ele desabafa para que, a certa altura, quando ela estiver sensibilizada com as histórias que ele conta ou vulnerável aos encantos dele, ele a surpreenda com um beijo. No dia seguinte, ele age de forma muito madura dizendo "Ei! Que loucura ontem à noite, né? Eu tava muito doido! Espero que isso não abale a nossa amizade, viu? Não muda em nada o quanto eu gosto de você e te quero como amiga!". E dali alguns dias a ficada se repete nas mesmas circunstâncias para ser tratada da mesma forma, como uma estratégia para que o esquerdomacho mantenha a imagem de bacana, responsável e cuidadoso ao mesmo tempo em que se livra da responsabilidade pelos seus atos.

Assim como o macho escroto, o esquerdomacho tem preferência por se relacionar com mulheres mais jovens, que ele julga não terem bagagem teórica para discutir e contra-argumentar. Demonstra grande inclinação pelo interesse intelectual, e diz que também busca isso numa mulher, afirmando que não a enxerga apenas como um corpo. Só que ele é sempre visto se relacionando com mulheres jovens, magras e absolutamente dentro do padrão. Afirma que acha incrível a mulher ter uma experiência sexual prévia que lhe dê conhecimento sobre o seu corpo, acha interessante o uso de vibradores durante o sexo, mas não faz sexo oral, assim como o macho escroto, que diz ter nojo de colocar a língua numa buceta. Ainda assim, o esquerdomacho se considera bem liberal em relação ao sexo, propondo inclusive um ménage — mas tem que ser com duas mulheres, porque com homem ele não aceita.

O esquerdomacho é inclinado politicamente a uma perspectiva progressista, se interessando por temas como política, economia e administração pública. Realmente é um acervo de conhecimentos mais amplo do que apenas o futebol e a cerveja do macho escroto. No entanto, mais do que deter conhecimento sobre os assuntos pelos quais se interessa, o esquerdomacho sabe se posicionar como se tivesse mesmo toda a erudição que acredita ter. Muitos dos livros que ele disse que leu, não passaram pela sua mão: ele assistiu a alguma resenha do YouTube ou consultou as anotações que fez em sala de aula.

Como um bom machista de autoestima delirante, o esquerdomacho é convicto de si mesmo. Tão convicto da riqueza de seu repertório que monopoliza a fala numa roda de conversa, interrompe sem qualquer gentileza a mulher que está falando e se sente no direito de dissertar sobre um assunto que não faz parte de seu universo com a propriedade de quem vive aquilo na pele.

Não é incomum ouvirmos esquerdomachos falando sobre temas como maternidade, sobrecarga materna, solidão ou maternidade compulsória numa roda em que existem outras mulheres mães. Mas ele não fala sobre paternidade, abandono paterno, a negligência e a falta de responsabilidade dos homens.

Tudo que o esquerdomacho fala tem o propósito de ser interessante para a manutenção da sua imagem de poder, fortalecendo sua reputação de sabe-tudo. Suas palestrinhas também têm a função de mostrar como ele é diferente, um cara que tem empatia e compreende todas as dores alheias. Essa busca pela empatia permite que ele abuse das dores das pessoas que diz compreender para tirar vantagens disso. Dissertando sobre como o feminismo é importante e salva mulheres, o esquerdomacho quer os aplausos e a admiração de mulheres que repudiam a alienação dos homens machistas clássicos; e, adquirindo a admiração feminina, além de inflar o próprio ego narcisista, ele ganha também vastas possibilidades de novos encontros sexuais.

Diferente do macho escroto, o esquerdomacho não objetifica a mulher; muito pelo contrário, faz questão de exaltá-la: diz que lê mulheres, que ouve mulheres e que, além de uma mãe e uma irmã, tem várias amigas mulheres e uma ótima relação com as ex-namoradas — exceto com aquelas que ele chama de "malucas". O esquerdomacho se vangloria de tratar a mulher como um ser humano *normal*, quase na mesma categoria que ele.

Se ele não objetifica, todavia, seu intuito é desqualificar a mulher. Em um primeiro momento, ele aparentemente a trata numa perspectiva horizontalizada, de igual para igual, interessado no que ela tem a dizer e se mostrando empático e aberto. Depois, o esquerdomacho começa um processo sistemático de desqualificação e descredibilização, apontando tudo que supõe serem falhas ou incongruências da mulher — buscando o que for conveniente para ele, lógico, e aqui a manipulação fica explícita.

Ele, que tem muitas amigas mulheres, mas sempre fica com a maioria delas tratando-as como "brothers", uma coisa casual, desperta a insegurança da parceira, que começa a ter ciúme. E, em vez de responder com responsabilidade sobre a parte que lhe cabe no ciúme da companheira (já que ele costuma deixar pontas soltas em seus relacionamentos), transfere para a companheira essa responsabilidade, dizendo que ela está rivalizando com mulheres e sendo possessiva — e isso vai contra o que o feminismo estimula, que é a sororidade. Não há nada que o esquerdomacho mais goste do que apontar para uma mulher que ela não está sendo feminista.

A mesma estratégia ele utiliza quando a companheira o questiona sobre o que ele pretende fazer da vida, uma vez que já está há algum tempo desempregado, estudando para um doutorado que nunca chega. Passa o dia inteiro em casa fumando maconha e vendo filmes do Jean-Luc Godard, sem lavar uma louça sequer, e postando em suas redes sociais petições em favor dos direitos de minorias. Ele alega que ela está sendo machista ao exigir dele uma posição de provedor, que é violenta e patriarcal, quando ela só está cansada de sustentar um adulto que não assume responsabilidades.

Um relacionamento com um esquerdomacho é cheio de desgaste emocional e ataques à autoestima, justamente porque a opressão que ele opera não é explícita: é revestida de saber. O efeito que um esquerdomacho exerce sobre a companheira é o de fazê-la acreditar que ela não é quem ele pensava, como se ele a tivesse desmascarado; é como se ela não estivesse à altura de se relacionar com alguém como ele. O cenário é de diversas violências psicológicas, violência moral, patrimonial, não sendo incomuns casos de violência sexual e física.

O boy probleminha

Tiago, 26 anos, estudante de Direito numa faculdade particular. Está atrasado porque foi reprovado em muitas matérias, culpa das noites que passa sem estudar entre bares e boates, mas diz que tem dificuldade com o curso por conta do seu transtorno do déficit de atenção com hiperatividade. Sua mãe segue pagando as mensalidades da faculdade e também dando uma boa mesada para que seu filho se mantenha.

Bruno, 31 anos, analista sênior de TI, tem um passado de bullying na escola e agora, depois da consulta com Felipe, o médico que receita hormônios de crescimento, exibe o corpo com que sempre sonhou. Inseguro devido aos traumas da infância, fica com muitas mulheres, mas não sustenta a virulência de um comportamento predatório, pelo contrário: é fofo e carinhoso. Só que marca dates para desabafar e some sem dar notícia, afinal é muito difícil equilibrar tantos contatinhos.

Daniel, 28 anos, publicitário, fumante. Ouve rock de qualidade duvidosa em função de seu passado *emo*. Está completamente insatisfeito com seu trabalho porque não sabe lidar com cobranças e diz que esse emprego lhe provoca crises de ansiedade incapacitantes. Entretanto, em vez de procurar ajuda especializada, faz uso abusivo de remédios tarja preta, que toma por conta própria, e também de álcool. Além disso, monopoliza longas sessões de lamúrias e reclamações com sua namorada, Júlia, também publicitária, a quem ele julga ter muita sorte no trabalho — o talento dela ele não reconhece.

Alexandre, 40 anos, desempregado, viciado em pornografia e videogame, tem dois filhos. Sempre teve empregos arranjados pelos pais ou pelas companheiras. Só se envolve com mulheres mais bem-sucedidas que ele, cuja força e independência ele diz admirar. Em casa, está sempre ocupado em alguma partida on-line enquanto os filhos precisam fazer a lição de casa e jantar. Costuma deixar as crianças com a mãe e ir ao bar assistir ao campeonato de UFC, mas diz para Márcia, sua esposa, que está numa reunião de negócios. Quando contestado por não colaborar em absolutamente nada, ele chora e alega que não teve pai e que se sente pressionado por todos para mostrar desempenho — mas o que é exigido dele é apenas responsabilidade, não ser o Super-Homem.

O boy probleminha é a maior armadilha para as mulheres que saíram de uma relação abusiva com o macho escroto ou com o esquerdomacho. Cansadas da autoridade inviolável do macho escroto e da postura egocêntrica sabichona do esquerdomacho, elas se encantam com a sensibilidade

A MASCULINIDADE TÓXICA: UMA PRODUÇÃO QUE ENCOBRE A FALTA   115

do boy probleminha. Na contramão da performance clássica da masculinidade inviolável, o boy probleminha se apresenta com suas rachaduras e fragilidades, sem se envergonhar de falar sobre seus sofrimentos e traumas. Parece sinceridade e vulnerabilidade, mas é só manipulação.

Diferente do macho escroto ou do esquerdomacho que costumam se relacionar com mulheres que eles julgam inferiores, seja intelectual ou socioeconomicamente, o boy probleminha só se envolve com mulheres que ele julga superiores: bem-sucedidas, inteligentes, aparentemente seguras de si. Essa escolha se dá porque o boy probleminha precisa se ancorar afetivamente e até mesmo financeiramente na companheira, colocando-a no lugar de uma mãe compreensiva e condescendente.

O boy probleminha deixa muito explícitas as suas inseguranças, e a mulher que se envolve com ele pensa, num primeiro momento, que finalmente encontrou um homem que não age com violência, projetando sobre ela as próprias inseguranças. Ele expõe suas fragilidades com tanta verdade que parece inofensivo, despido de qualquer sinal da clássica virulência masculina. Ledo engano.

Quer sempre ser acolhido e cuidado, exige carinho, presença e dedicação total, porque simplesmente se coloca no lugar do filhinho mimado de uma mamãe que nunca lhe disse "não". O boy probleminha repete o comportamento egocêntrico e totalitarista clássico do macho escroto, mas, em vez de ganhar pelo grito, ganha pelo choro. Ele não tem vergonha de chorar e demonstrar seus sentimentos, até porque sempre sente muito e é muito intenso, mas essa sensibilidade não lhe confere empatia. Ele não tem empatia porque está sempre olhando para o próprio umbigo e para as próprias necessidades.

Também não tem vergonha de procurar tratamento médico, podendo ir a consultas com psiquiatras e psicólogos, sempre acompanhado, uma vez que não faz nada sozinho. Entretanto, a despeito de procurar ajuda, não dá prosseguimento a nenhum tratamento proposto, justificando que não gostou do psicólogo ou que anda muito atribulado e tem se esquecido de tomar os remédios.

O boy probleminha pode também ser espiritualizado, dando origem a uma subcategoria, a do boy good vibes. Este último alega que está procrastinando porque é período de lua minguante, ou que é mimado e intempestivo por ter o sol em Leão com ascendente em Escorpião. Ou foge de uma discussão importante porque a pessoa está vibrando em baixa energia e ele não pode entrar nessa sintonia.

O boy probleminha é perigoso e traiçoeiro porque maneja uma arma pesada, nuclear para a subjetividade feminina: a culpa. Usando essa arma, ele é o rei da manipulação psicológica. Toda aquela pretensa honestidade do início, quando ele escancara suas dores, traumas e vulnerabilidades, tem uma função de calibragem: ele pretende diminuir o volume e a potência da companheira. Já ciente de que ela é superior a ele — intelectual, emocional e financeiramente —, ele busca uma forma de encurtar essa distância e reverter a dinâmica hierárquica, fazendo a companheira se sentir culpada por tudo e qualquer coisa. E assim ele mantém o controle da narrativa, da relação e do comportamento da mulher.

O boy probleminha não precisa dizer que não quer que ela trabalhe porque lugar de mulher é em casa, como faria o macho escroto. Também não precisa desqualificá-la, dizendo que seu trabalho serve ao capitalismo ou que reside ali alguma incongruência política, como faria o esquerdo-macho. Nada disso. O boy probleminha incute na cabeça da mulher uma convicção que a fará tomar uma decisão em relação à própria vida pensando no bem-estar do rapaz, pensando em não acionar seus gatilhos, pensando nas ressonâncias que qualquer escolha sua pode ter sobre ele. Com isso, ela passa a agir pensando em agradá-lo — mas sem ter consciência disso, porque está tomada pela culpa.

Em nome de sua grande insegurança, que já estava explicitada desde o início, o boy probleminha mostra comportamentos de controle no relacionamento, sempre fazendo com que a companheira se sinta culpada. Os controles que ele exerce são os mesmos do machão clássico, mas o modo como ele opera é diferente. Afirma que já foi traído e ficou muito traumatizado por isso, e pretensamente se oferece como oferenda para que a mulher de fato opere o sacrifício: em nome de não querer manter vivo o fantasma da traição para não engatilhar sua insegurança, ele propõe que ninguém mais fale com ex-contatinhos e ex-casinhos, e mostra as provas de que excluiu todas as antigas companheiras das redes sociais (com isso,

A MASCULINIDADE TÓXICA: UMA PRODUÇÃO QUE ENCOBRE A FALTA 117

ele dá a entender que espera que a mulher faça o mesmo). Depois que abre essa porta, passa pressionar a atual companheira, solicitando o compartilhamento de senhas das redes sociais e o controle de seus passos. Ela é coagida por meio de grandes chantagens emocionais.

Para conseguir o que quer e manter o controle, ele se esquiva de qualquer responsabilidade, transferindo sempre para a companheira a culpa: a culpa é dela pela crise de ansiedade que ele tem; a culpa é dela por ele não ter conseguido entregar o relatório do trabalho a tempo; a culpa é dela pela traição dele; a culpa é dela caso eventualmente ele exploda numa crise e a agrida; a culpa é dela por ele não ter mais tesão nela e procurar outras mulheres.

A mulher que se relaciona com o boy probleminha vive em tensão constante, porque a qualquer momento ele vai aparecer denunciando um ponto em que ela falhou e o feriu. Assim, o sentimento que fica é sempre de insuficiência, culpa e baixa autoestima, porque aquilo que parecia incrível no começo tomou outros rumos. A mulher acha que é culpa dela não conseguir olhar para ele com a sensibilidade que ele merece. Ela se corrói com o sentimento de estar sendo injusta, de estar causando sofrimento em quem parece tão disposto a amá-la.

Leva muito tempo para a mulher perceber que foi vítima de uma grande manipulação. Antes disso ela vai sentir muita pena dele, que sempre parece tão frágil e desprotegido, embora possa assumir comportamentos passivo-agressivos de muita hostilidade e sadismo. Antes de perceber que foi vítima de uma enorme e refinada chantagem emocional, a mulher o enxerga simplesmente como um menino mimado e imaturo cheio de traumas. No entanto, quando chega o momento do despertar, a mulher percebe que aquele homem que se apresentava como uma pessoa tão sensível e vulnerável era apenas uma fantasia para encobrir sua misoginia. No fundo, ele não suporta ver uma mulher independente reinar na própria vida.

O boy tranquilo e favorável

Pedro, 34 anos, designer, carioca, mora num loft estilo industrial em Botafogo, ouve música indie brasileira e agita festinhas animadas com gente interessante e bebida boa. Essas festas contam sempre com a presença do seu amigo Matheus, que está usando uma tornozeleira eletrônica em função do descumprimento da medida protetiva de sua ex, a quem agredia e perseguia. Mas Pedro não vê problema. Afinal, quem nunca errou?

André, 27 anos, DJ e surfista. Um *bon-vivant*, viaja o mundo em busca das melhores *tracks* nas melhores festas, das melhores ondas nas melhores praias, conhecendo muitas mulheres, movimentando o mercado da prostituição e se exibindo nas redes sociais com mulheres seminuas em carros de luxo.

Carlos, 48 anos, empresário, apaixonado por vinhos e artes plásticas, divorciado, pai de três, namora uma mulher de 30 anos. Sempre rodeado de amigos das mais diversas idades, circula por muitos espaços: nas festinhas descoladas onde André toca; nos encontrinhos descolados promovidos por Pedro; nas vernissages mais bem faladas da cidade. Inteligente, agradável, acolhedor e simpático, tem sempre um bom conselho para dar. Viaja muito, então não pode estar presente com as crianças nos finais de semana que são de sua responsabilidade, mas sempre volta com muitos presentes!

Henrique, 23 anos, fotógrafo. Seus pais têm uma grande casa de praia, onde ele faz churrascos regados a cerveja e música boa. Tem muitos amigos músicos que fazem apresentações privadas lá, por isso todos querem participar da Resenha do Henrique. Um dia, um amigo de um amigo drogou uma moça e a estuprou na Resenha. Ela não sabe, acordou meio zonza no dia seguinte sem saber o que havia acontecido; mas Henrique e seus amigos sabem. Eles não acharam legal, mas não denunciaram nem cortaram relações com esse amigo; disseram apenas "o Rafa é foda, né?", em tom de indignação e lamento.

O boy tranquilo e favorável é uma versão controversa. Não exala machismo e não faz grandes esforços para manipular porque simplesmente não se importa. Esse tipo de homem mostra um desligamento da realidade, um tipo de distanciamento emocional, mantendo todos os laços numa grande superficialidade. Assim ele não precisa se comprometer ou assumir responsabilidades. Pode parecer muito interessante num primeiro momento, porque ele é divertido, expansivo, atencioso, interessado em múltiplos assuntos, não demonstra nenhum comportamento hostil, invasivo ou assediador.

Nas conversas, o boy tranquilo e favorável sempre se mostra interessado nos assuntos da pessoa com quem está, traçando paralelos e mostrando que tem alguma referência sobre o assunto; a ideia é criar um clima de não ameaça e de empatia, um caminho certo para o encantamento e a intimidade. Mas não espere que ele se aprofunde nos assuntos em que finge ter interesse; ele não se interessa por nada que não seja ele mesmo.

O boy tranquilo e favorável enxerga a mulher não como um objeto ou uma ameaça, mas como uma pessoa — o que não significa respeito ou admiração. Esse tipo de homem apresenta um desligamento afetivo, certo desprezo pelo outro disfarçado de displicência ou de cabeça avoada. O que ele tem é uma flagrante indiferença. Portanto, apesar da pretensa simpatia e generosidade, o boy tranquilo e favorável é egoísta e comprometido apenas com os próprios desejos.

Mesmo tendo muitas amigas mulheres e sendo de fato, em geral, respeitoso com elas, o boy tranquilo e favorável não se importa em dividir a mesa com um amigo acusado de estupro, não se posiciona nos grupos de WhatsApp em que os amigos compartilham pornografia e não rompe relações com um amigo que ele sabe que bate na ex-companheira ou não paga pensão dos filhos. Ele acha que aquilo não é problema dele, que cada um sabe o que faz da vida e que não vai estragar uma amizade de anos por conta de um problema familiar — como se violência contra a mulher fosse uma questão particular, não coletiva.

Ele dribla qualquer discussão ou convocação à responsabilidade com um sedutor "Deixa disso!"; "Não vamos estressar por causa disso, né, linda?". E é realmente difícil vê-lo se exaltar diante de alguma discussão, uma vez que ele sempre vai propor saídas divertidas, leves e engraçadas: uma piada, uma brincadeirinha, uma surpresa agradável, um abraço.

É difícil perceber onde está o tom de abuso no boy tranquilo e favorável, até porque é a mulher que vai se sentir chata, insatisfeita e fazendo muitas cobranças, se questionando se não tem mesmo senso de humor. Esse tipo de boy também tem a subcategoria do boy *good vibes*, aquele espiritualizado, ligado no budismo e na astrologia, e que coloca os próprios defeitos na conta do signo.

É um tipo de homem democrático, que circula por muitos espaços, o que lhe dá um ar de leveza. Pode ser muito encantador, dando a impressão de que topa qualquer parada: ele frequenta, com a mesma alegria e desenvoltura, os bares de cerveja barata, os restaurantes de vinho caro, a praia cheia no verão, o casamento evangélico no campo, o piquenique no parque, o pagode no domingo, o show de funk no sábado, o jantarzinho na casa de amigos na terça-feira, o show de indie rock na quinta. Com isso, ele parece o homem perfeito! É leve, é versátil, é divertido, é interessante! Onde está o problema?

O problema é que ele desconhece a palavra "responsabilidade": não cumpre compromissos que exijam seriedade e algum tipo de comprometimento; não sustenta uma conversa séria sobre os sentimentos da sua companheira, assim como não fala sobre os próprios.

O boy tranquilo e favorável oferece mais riscos numa relação conjugal ou morando junto com a companheira do que em namoros; e mais riscos ainda se tem filhos. Como namorado ele é uma companhia presente em todos os momentos e o sexo é sempre intenso e cheio de faíscas. Como companheiro sob o mesmo teto, se comporta como um adolescente de 13 anos que não colabora em nada ou que só faz o que lhe pedem, aquele típico exemplo do homem que vai ao supermercado com a lista de compras que a mulher fez e ainda assim esquece alguns itens listados.

Como se comporta como um *bon-vivant* e foge das responsabilidades, não é incomum o boy tranquilo e favorável ter uma vida financeira completamente instável, mas ele não vive essa instabilidade como um problema, e sim como uma grande aventura. Só que, se ele mora junto com a companheira, sobra para ela a obrigação de pagar as contas enquanto ele vive a enésima aventura empreendendo um negócio novo, mudando de carreira ou sendo demitido porque não cumpre prazos.

Ter filhos com o boy tranquilo e favorável pode parecer uma grande empreitada, afinal ele ama crianças e demonstra ser muito parceiro. Mas ele

A MASCULINIDADE TÓXICA: UMA PRODUÇÃO QUE ENCOBRE A FALTA 121

é o pai que não estuda nada sobre desenvolvimento infantil e que também não participa ativamente da criação da criança — mas diz para os amigos que sua companheira é uma mãe incrível e ele, um pai maravilhoso.

Suas responsabilidades como pai se restringem a encontros cheios de açúcar e telas com a criança que não consome açúcar e telas; e ele tira muitas fotos mostrando que é um pai descolado e divertido que leva o filho para surfar e andar de skate. Pensão também não é uma coisa que se espera do boy tranquilo e favorável, uma vez que ele alega não ter emprego fixo — embora sempre seja visto nas melhores baladas da cidade e vestindo roupas de grife.

O boy tranquilo e favorável não tem responsabilidade afetiva, jurídica ou burocrática. Para ele, o mundo é uma grande roda-gigante feita para se divertir, e ele não está disposto a abrir mão de prazeres em prol do cumprimento de deveres, e em nome do cuidado com o outro. Se relacionar com o boy tranquilo e favorável é ocupar uma posição solitária, porque ele é muito querido e agradável, e a mulher não tem com quem se queixar de suas irresponsabilidades, afinal ele é um superamigo, um superfilho e parece ser um superpai.

Um homem que tem responsabilidade afetiva tem empatia, pondera sobre a maneira que suas atitudes vão reverberar nas pessoas com as quais se relaciona, e isso requer diálogo e concessões. O boy tranquilo e favorável não tem isso: ele só se relaciona na superficialidade e de forma descomprometida.

Ter responsabilidade numa relação significa responder como um adulto a exigências cotidianas com as quais ninguém gosta de lidar, mas que se impõem sobre nós: pagar contas, declarar o imposto de renda, fazer compras no supermercado, lavar a louça que está na pia. O boy tranquilo e favorável não quer ter esse trabalho porque se recusa a ocupar a vida adulta com seriedade. Seu comportamento é de irresponsabilidade, inconsequência e procrastinação.

Numa situação limite e de grande tensão, o boy tranquilo e favorável pode ser agressivo e explosivo, podendo escalonar para a agressão. Uma vez que não tem recursos simbólicos para argumentar, manipular ou dialogar, responde agressivamente, movido pela raiva.

O boy joão-bobo

Leonardo, 30 anos, advogado. Introvertido, tímido e inteligente, exibe um passado imaculado em relação às mulheres, tendo namorado uma única vez, dos 16 aos 22 anos — e depois se dedicou integralmente à carreira. Se apaixonou pela chefe no escritório onde trabalha e vem estudando minuciosamente tudo de que ela gosta a fim de conseguir impressioná-la e conquistá-la.

Fábio, 42 anos, filósofo, pai dedicado, apaixonado por cachorros. Foi casado com Mari, artista plástica, durante dez anos e com ela aprendeu sobre arte moderna, o que o capacitou a falar por horas sobre cubismo, expressionismo e surrealismo. Todos diziam se tratar de um casalzão, e comentavam como Fábio apoiava Mari. Até que, quando Mari se apaixonou por outra pessoa e pôs fim à relação, Fábio decidiu comprar uma briga judicial e pediu a guarda da filha como forma de punir e ferir a ex--companheira por tê-lo deixado. O interesse por arte moderna deu lugar ao interesse por psicologia. É que agora Fábio namora Ju, uma psicóloga.

Vinícius, 35 anos, diretor executivo, casado há quatro anos com Bruna, com quem tem uma bebê de 8 meses. Fiel e dedicado, ele paga todas as contas da casa e ajuda a família de Bruna, entretanto não se posiciona de forma machista: ele faz as tarefas domésticas com prazer e dedicação. Obcecado por estabilidade financeira, Vinícius mantém uma planilha de controle onde consta também quantas vezes foi à academia e quantas vezes fez sexo com a companheira. Todo final de ano o casal viaja para o mesmo resort no litoral do estado, e ele só goza se Bruna estiver de quatro.

Caio, 23 anos, recém-formado em medicina, filho zeloso e presente, vinha se relacionando com Bia, que já está na residência e o ajudava a estudar para as provas; e daí nasceu uma paixão. Caio, sempre muito respeitoso, atencioso e apaixonado por Bia, queria começar uma relação séria, e em nome disso fez de tudo para conquistá-la: reservou um final de semana em um hotel de que ela gostava; aprendeu sobre cinema iraniano, de que ela gostava, e também aprendeu a cozinhar a comida de que ela gostava. Os dois tinham tudo para ser um casal incrível, mas Bia não estava no momento de namorar ninguém, e propôs a Caio que continuassem como

A MASCULINIDADE TÓXICA: UMA PRODUÇÃO QUE ENCOBRE A FALTA   123

estavam; ele, apaixonado, aceitou. Até que Bia decidiu mudar de residência e fazer prova para outro estado, o que despertou a raiva de Caio, que se sentiu rejeitado e desprezado. Movido por esse sentimento, Caio vazou no grupo da faculdade as nudes que ela lhe enviava.

O boy joão-bobo é uma grande roleta-russa: não dá para saber quando vai explodir. Ele parece muito diferente dos outros perfis de homem porque não é hostil como o macho escroto, não é arrogante como o esquerdomacho, não é dramático como o boy probleminha nem irresponsável como o boy tranquilo e favorável. Ele é sério, responsável, dedicado, interessante e inteligente.

Não espere manipulações psicológicas do boy joão-bobo: é difícil que elas aconteçam, uma vez que ele realmente incorpora a personalidade da companheira antes mesmo de a relação ter início. Ele se mostra como o homem perfeito, e mora aí a manipulação inaugural.

Assim como o boneco joão-bobo, um pedaço de plástico inflado de ar que pega o impulso de quem bate forte e rebate com a mesma força no sentido contrário, o boy joão-bobo tem uma personalidade neutra, que ou é muito morna e sem grandes marcas ou extravagâncias ou será utilizada como base para mimetizar a personalidade da pessoa com quem se relaciona.

Ele incorpora os gostos e interesses da companheira, se transformando no parceiro que era tudo que ela queria. Com uma personalidade e uma vida direcionadas para agradar e atender a pessoa amada, ele pega emprestado dela o impulso para viver e por isso mesmo fica superfrustrado e desorganizado quando é rejeitado ou quando a relação encontra um fim. E então, movido pela mesma força que tomou emprestada da companheira, se volta contra ela com a agressividade reprimida durante todos os anos em que foi outra pessoa para agradá-la.

É muito difícil, durante a relação, a mulher perceber qualquer sinal problemático do boy João Bobo, pois ele tem sempre um comportamento exemplar. Não age com nenhum vestígio de violência como o macho escroto; não faz palestrinha como o esquerdomacho; não faz a companheira de psicóloga particular, como o boy probleminha; e não se furta às responsabilidades como o boy tranquilo e favorável.

Parece perfeito, não? Ele é ligado à família, responsável, disciplinado, atencioso e nunca se exalta. Cumpre todos os compromissos profissionais e sociais e mergulha profundamente para fazer parte do universo da companheira.

Diferente do boy tranquilo e favorável, que está sempre presente na superficialidade, o boy joão-bobo realmente se dedica, é generoso, companheiro e refinado. Entretanto, trata tudo com grande burocracia, como se a vida fosse organizada numa planilha Excel: tem dificuldade para responder a imprevistos (quando eles acontecem, geralmente responde com certa paralisia), e fica desconcertado quando algo foge ao controle de seu planejamento. Se bem que até aí tudo bem.

O problema começa a aparecer quando a mulher se depara com uma vida extremamente morna, robótica e protocolar, se vendo sozinha e responsável por expandir os horizontes naquela relação e até mesmo por se envolver mais profundamente em assuntos que requeiram maior repertório e sofisticação emocional. Enquanto o boy tranquilo e favorável é aquele que diz "Tudo certo, bora!" para qualquer coisa, o boy joão-bobo diz "Vamos juntos!", mas não apresenta as rotas; na verdade, ele só acompanha. Isso significa que não dá para esperar complexidade ou iniciativa do boy joão-bobo, porque ele é sempre responsivo, como um assistente virtual de inteligência artificial que vai se programando conforme a necessidade do usuário.

Algumas pessoas poderiam se referir ao boy joão-bobo como um banana, um frouxo, que não reage, até mesmo submisso. É comum em discussões acaloradas a companheira do boy joão-bobo dizer "Você não tem nada a dizer? Reage!" — e logo depois se sentir culpada, julgando ter sido agressiva ou grosseira com o companheiro, que se mostra sempre tão parceiro.

Entretanto, a mulher que reivindica uma atitude do boy joão-bobo o está convocando a um exercício de divisão da responsabilidade emocional numa relação, o que requer ir além da empatia que acolhe serenamente — isso requer proatividade, antecipação, sensibilidade, compreensão das transformações que se apresentam e dos ciclos que se modificam.

A companheira do boy joão-bobo acha que está exigindo demais, se julga até mesmo agressiva, exigente demais, uma vez que ele já cumpre todos os combinados e executa todas as tarefas. E mora justamente aí o problema: ele sempre responde, mas é outro alguém que precisa dirigir, planejar, pensar, improvisar; assim, toda a carga mental fica com a companheira, que naturaliza o estereótipo da posição feminina de que a mulher é responsável pelos cuidados e pela organização afetiva de tudo.

Se no início da relação com o boy joão-bobo o que parece ter ocorrido é um grande encontro com um homem diferente de tudo que existe, durante a relação, o que a mulher experimenta é um marasmo, uma monotonia e também uma exaustão de carregar nas costas aquela relação, além de se sentir só, já que se relacionar consigo mesma incorporada em outra pessoa é solitário.

Mas é no fim da relação que a mulher se vê diante da perversidade desse homem de quem jamais esperou qualquer violência. Por não suportar sentimento de rejeição, o boy joão-bobo pune a mulher que o deixou. Seus instrumentos de violência raramente são físicos ou sexuais: geralmente são psicológicos, mas majoritariamente institucionais. Ele se utiliza do aparato jurídico para ferir psicologicamente a mulher: pode reivindicar dela dinheiro, tirá-la do imóvel em que reside e até mesmo pedir a guarda dos filhos. O boy joão-bobo, por sua conduta social ilibada, tem também um terreno fértil para articular uma campanha de difamação contra sua ex-companheira, que facilmente sairá como louca por terminar uma relação com um homem tão bom.

O que as pessoas veem é a faceta gentil e generosa do boy joão-bobo, que não é uma mentira; é apenas uma versão envernizada. Sua companheira convive também com a outra versão, que é monótona, passiva e responsiva, mas, diante do cenário de violência explícita e ostensiva dos outros homens, parece que o comportamento morno e reticente do boy joão-bobo deveria ser aceitável. Afinal, nós, mulheres, fomos ensinadas a nos contentar sempre com as migalhas que nos oferecem.

Quando o boy joão-bobo dá início à campanha de aniquilação da ex--companheira, inverte suas energias em uma espécie de caça às bruxas, angariando o apoio e a cumplicidade de outras mulheres que se apegam ao fato de que a ex foi injusta ao romper com um homem tão bom; mas elas não se dão conta que estão respondendo a uma ruptura com violência institucional. Um pacto silencioso é formado, atropelando o fato de que a mulher tem direito a decidir sobre a própria vida, e isso implica poder ir embora de uma relação em que não sente mais o desejo de estar.

Se o macho escroto responde à rejeição com violência física, indo até o feminicídio, o boy joão-bobo recorre aos instrumentos legais como forma de "morte simbólica", reforçando o fato de que a masculinidade não suporta receber limites.

Concluímos, assim, que o machismo é uma tecnologia que se reinventa e se atualiza a fim de manter a supremacia e a dominação masculinas. Com esse recurso, os homens podem se apropriar dos discursos feministas e até mesmo reproduzi-los, podem se infiltrar nos espaços que parecem inofensivos, podem performar outra imagem que não a que conhecemos.

Dessa forma, nossas denúncias são usadas contra nós: se denunciamos a falta de responsabilidade masculina, aparece um novo tipo de homem para nos confundir com uma postura penitente, que assume todas as culpas — mas não a responsabilidade. Se denunciamos a grosseria e a violência nos comportamentos masculinos, aparece um novo tipo de homem que aparenta ser gentil e educado, mas reproduz os mesmos jogos psicológicos e chantagens emocionais.

Há certo refinamento na trajetória de afirmação da masculinidade, que sente o campo de disputa que se impõe a partir do despertar das mulheres. Daí a necessidade de estarmos ainda mais atentas. Por mais que as estratégias sejam diversas, há uma bússola inegável: a nossa intuição e o jeito como nos sentimos diante dos homens abusivos. Não importa se são gentis ou grosseiros, refinados ou primários: se há em nós um sentimento de desconforto, constrangimento ou dúvida quanto à nossa própria sanidade, saberemos que existe abuso.

4

AS MODALIDADES DA VIOLÊNCIA NUMA RELAÇÃO ABUSIVA

As violências que acontecem num relacionamento são muitas e advêm do fato de esse ser um espaço íntimo em que a hierarquia de poder é reproduzida. Aprendemos a nos relacionar a partir de uma perspectiva heteronormativa, que visa ao casamento entre pessoas cis e heterossexuais para a consolidação da família, essa célula elementar do patriarcado. E essa lógica carrega em seu interior a desigualdade.

Supõe-se que um relacionamento seja composto por um homem exercendo sua masculinidade e uma mulher desempenhando sua feminilidade, e isso, por si só, já impõe um abuso, uma violência, já que a masculinidade supõe sua superioridade e, portanto, a subalternização da mulher. Isso significa que, mesmo que o homem não perceba ou não tenha consciência, ele reproduz comportamentos tóxicos e abusivos que são inerentes à masculinidade, e a isso chamamos machismo estrutural.

Por isso é tão importante que os homens se engajem nos estudos sobre gênero, repensem suas atitudes e ouçam mulheres relatando suas reivindicações e sentimentos, assim como é necessário que haja uma abertura de diálogo, nas relações, sobre os comportamentos de cada parceiro que reproduzem segregações estruturais.

Relacionamento é sobretudo uma construção e uma desconstrução: a construção de pontes que aproximem e a desconstrução dos muros que nos colocam numa caixinha. Relacionar-se é um trabalho de desfazer as idealizações que criamos, de buscar entender as origens dos nossos desejos e dos nossos comportamentos, de nos encontrarmos com as nossas sombras e vulnerabilidades, de colocar limites e saber encerrar ciclos.

Não existe príncipe encantado nem "felizes para sempre": relacionamento é a arte de conviver com a diferença e manter a individualidade; é a beleza de expor a vulnerabilidade em segurança. Não tem a ver com controlar ou atender as expectativas, não tem a ver com realizar o sonho de casar e ter filhos. Relacionamento é a consequência de um encontro potente entre pessoas que se respeitam, se admiram e escolheram caminhar juntas — portanto, ninguém traça o caminho do outro, ninguém escolhe pelo outro quais os atalhos a tomar.

As ciladas do amor romântico

É preciso desfazer as crenças que temos sobre o que é um relacionamento, e que se originam no mito do amor romântico e na perspectiva moral da família. O amor romântico supõe uma completude, um encontro mítico e único, totalmente baseado na ideia de felizes para sempre dos contos de fada. Ao tomar a completude como modelo, o amor romântico quebra as barreiras da individualidade e busca fazer de dois apenas um, a tal da "carne e unha, alma gêmea, as metades da laranja". Por isso mesmo, não suporta o aparecimento de qualquer diferença, que será tomada como ameaça.

Portanto, o amor romântico engendra uma lógica de ameaça: se o outro tem um interesse diferente do meu, ele não me ama; se o outro não gosta das mesmas coisas que eu gosto, ele não gosta de mim. E é assim que as pessoas confundem amor com semelhança, que é uma forma narcisista de operar, na qual se ama a si mesmo: se eu amo o outro porque ele se parece comigo e gosta de tudo que eu gosto, eu o amo ou amo a mim mesma?

Dentro da perspectiva de amor romântico, vamos fazendo malabarismos a fim de sustentar a promessa do amor a qualquer custo, e disso vem a lógica de que amar é fazer sacrifício e que o amor tudo suporta. Ou seja, eu amo o outro pelo que vejo de mim mesma no outro, mas, se aparece algo que não é o que eu reconheço, que eu não espero ou não desejo, é preciso suprimir, recalcar ou mesmo suportar, em nome da relação. E assim a relação vai se tornando uma entidade maior do que as pessoas e os sentimentos entre elas.

Além de estabelecer o amor num modelo de amar a partir das semelhanças, o narcisismo também compõe o nosso modo de amor a partir das projeções — e aqui pesa a questão de gênero de maneira muito incisiva. Olhamos para o outro e enxergamos ou o que parece conosco ou aquilo que queremos enxergar, projetando nele as nossas expectativas e as nossas referências, esperando que o outro responda como aprendemos que deveria responder a partir das performances de gênero. Com isso, não enxergamos de fato o outro, suas belezas naturais, suas sombras estruturais, suas estranhezas familiares; e justamente por isso o nosso modo de amar se torna violento.

Se para sermos amados é necessário abrir mão do que somos, não é amor, é coação; se para amarmos o outro ele precisa deixar de ser o que é ou ser apenas parcialmente, ou sob condições, aquilo que é, não é amor, é violência.

Quando falamos de uma perspectiva de gênero, entendemos que são os homens quem está em condições históricas e sociais de negociar e reivindicar, enquanto as mulheres, historicamente oprimidas, ocupam o lugar de renunciar e obedecer. Isso significa que, no jogo do amor, quem perde são as mulheres, e perdem duplamente: primeiro porque precisam renunciar para serem amadas, cabendo no lugar plástico da mulher ideal, aquela que merecerá o amor de um homem, e segundo porque elas vão se frustrar, uma vez que esperam de um homem carinho e proteção e encontram, geralmente, controle, descaso e violência.

Mas e se a relação não é composta por um homem cis e uma mulher cis? A dinâmica heteronormativa é a que medeia as relações, porque foi a partir dessa ótica que aprendemos a nos relacionar. Não são incomuns os relatos de relacionamentos abusivos entre casais que experienciam outras configurações afetivo-sexuais, com a violência comparecendo também como desdobramento do binômio controle-obediência.

Aprendemos que o relacionamento e o amor circulam na lógica heteronormativa porque os conceitos de família repousam na heteronormatividade. Entendemos que a família é a célula elementar da sociedade, o espaço que reproduz, educa e molda toda uma população. E esse é mais um conceito que precisamos subverter para acessar uma forma de amar mais livre, mais humana e mais honesta.

A família é um espaço que proporciona condições férteis e saudáveis para o desenvolvimento pleno de alguém, mas é preciso desvincular o ideal de família como um lugar que reproduz e mantém o status quo a partir da exploração do potencial reprodutivo da mulher e de sua força de trabalho; desfazer a ideia institucional de família como espaço de controle civilizatório e repressor. Ou seja, enquanto a família for estruturada pela autoridade patriarcal e pela subordinação feminina diante da figura masculina, a matriz abusiva dos relacionamentos continuará sendo naturalizada.

Uma mulher, seus cachorros e plantas constituem uma família se entre plantas e pets há espaço para cultivar sua criatividade e potência, formando as raízes de sua autonomia e bem-estar.

Dois homens sem filhos constituem uma família se ali há um terreno fértil de respeito, companheirismo, cuidado e afeto que lhes possibilite ter uma vida saudável e harmônica.

Duas mulheres e seus gatos constituem uma família quando instituem uma convivência baseada no diálogo, na parceria, no amor e no carinho que lhes possibilita alçar voos em suas carreiras e florescer suas vidas afetivas.

Uma mulher e sua filha formam uma família se ali há respeito à individualidade e compartilhamento amigo nos processos de metamorfose de cada uma.

Um homem, uma mulher, dois filhos e um cachorro formam uma família quando rompem com a autoridade tirânica do papel de pai e com a apatia passiva e obediente do lugar de mãe, dando espaço para que os filhos se tornem adultos autônomos e questionadores e desenvolvendo laços de afeto porque há amor e cumplicidade, não pela suposta obrigação dos vínculos sanguíneos.

Entender tudo de subjetivo, histórico e cultural que está em torno do amor e dos relacionamentos é fundamental para distinguirmos o que é um relacionamento saudável, um relacionamento tóxico e um relacionamento abusivo.

Um relacionamento saudável não significa que todas as partes ficarão felizes e satisfeitas; também não significa que não haverá desencontros, ruídos ou desapontamentos. Um relacionamento saudável é constituído por pessoas bem-resolvidas consigo mesmas, que têm uma vida individual bem delimitada, trabalhada na terapia, independentes financeira e emocionalmente. Pessoas que não buscam a completude numa relação porque já se entendem como indivíduos em paz com suas falhas e ausências estruturais que nada nem ninguém dará conta de obturar.

Quando essas pessoas se encontram e o amor surge como um bálsamo que lhes desperta a vontade de ficar mais um pouco, de compartilhar a vida e caminhar juntas, uma relação se torna uma consequência desse encontro potente. São pessoas que estão comprometidas com viver o sentimento que lhes atravessa, não nutrindo qualquer expectativa de algo que dure para sempre ou que as leve para o altar, justamente porque não fetichizam o amor como item de consumo que lhes dará status.

Numa relação tóxica, a tensão inerente à desigualdade entre os gêneros aparece de forma muito marcada, tornando a vivência amorosa um terreno delicado onde os gatilhos são acionados. É importante perceber que há uma diferença primordial entre a relação tóxica e a relação abusiva: na relação tóxica a consciência e a autonomia estão preservadas, fazendo a pessoa perceber que ali, onde antes havia um espaço para viver afeto e carinho, hoje existe um campo minado. É como se fosse um alerta, como se o sinal de perigo e toxicidade já estivesse claro desde o início, antes de a substância tóxica contaminar.

Uma relação tóxica pode se dar entre pessoas que engatam muito rapidamente num relacionamento que começou como uma paixão tórrida, sem se dar tempo para conhecer o outro de fato, e de repente percebem que o outro não é quem parecia ser ou que não atende ao que se espera de uma relação; assim, permanecer ali pode ser como calçar um sapato um número menor, criando calos, se espremendo para caber.

Pode ser tóxica também a relação em que um dos pares ainda não está preparado para se relacionar devido a traumas passados, que podem gerar um modo de responder aos afetos com agressividade ou com recusa. Assim, a relação pode ser um cabo de guerra capaz de machucar. É possível que uma relação tóxica evolua para uma relação abusiva, mas em geral acaba explodindo e rompendo rapidamente.

Existem mulheres abusivas?

É possível que uma mulher seja tóxica ou abusiva numa relação com um homem? Essa é uma pergunta importante e que toca num ponto ético muito delicado. O machismo estrutura a nossa sociedade e a nossa subjetividade, portanto mulheres o reproduzem — não como homens, mas a serviço dos homens. Qual a diferença? A diferença é que os homens se beneficiam do machismo, que lhes confere poder sobre os corpos e sobre a vida das mulheres, ascensão social e financeira.

As mulheres, por sua vez, ao reproduzirem o machismo, apenas recalcam a própria violência a que estão submetidas e acenam uma aproximação em direção aos homens, reivindicando deles respeito e admiração. Quando uma mulher heterossexual diz que a outra é "puta", está reproduzindo o machismo: não se beneficia explorando o corpo dessa mulher que julga "puta", mas marca uma diferença radical em relação à mulher que julga, conferindo a esta um estatuto de "santa". Se a outra é a puta, eu sou santa — o primeiro ganho é o da manutenção da imagem louvável diante dos homens; e o segundo é a própria validação e proteção masculina, uma vez que se afirmar santa lhe confere uma sensação de que estará protegida da violência masculina, que é dirigida apenas às putas, essas que não se dão ao respeito. Mas não é bem assim.

Vemos a mesma dinâmica se dar na clássica rivalidade feminina entre esposa e amante: sentir ódio da amante do marido é uma forma de culpabilizar a mulher pela traição dele. É a forma de a mulher se proteger do sentimento de que o marido foi desleal e transferir para a outra mulher, a amante, a raiva que sente do homem. Não fomos ensinadas, muito menos autorizadas, a sentir raiva dos homens, a quem entendemos desde sempre como mais fortes e poderosos que nós. Portanto, reprimimos a raiva sentida do homem, que se transforma em medo, e deslocamos a raiva para outra mulher, a quem, pela misoginia estrutural, é autorizado odiar.

Assim, as mulheres podem ser tóxicas ou abusivas quando incorporam uma posição que é fruto da masculinidade: o poder. Existem relações afetivo-sexuais em que a mulher cobra que o homem compareça sexualmente, ou exige que o homem ganhe mais que ela e pague todas as contas da casa. Esse é um comportamento tóxico que reforça os estereótipos de

AS MODALIDADES DA VIOLÊNCIA NUMA RELAÇÃO ABUSIVA

masculinidade que mantêm o homem nesse lugar do poderoso e provedor. Mas o que vemos nas relações amorosas abusivas em que quem abusa é a mulher é uma verdadeira inversão de posições.

Primeiro de tudo, preciso deixar explícito que é assustadoramente maior o número de homens abusivos por dois motivos: a socialização feminina não estimula mulheres a terem comportamentos de violência e controle em relação aos homens; muito pelo contrário, somos ensinadas a obedecer a eles e agradá-los. Além disso, a socialização masculina não ensina os homens a suportarem violência em nome do amor.

Portanto, quando um homem diz que sua ex era abusiva, louca, descontrolada, desconfie e se pergunte se isso é uma verdade e quem a enlouqueceu. E aqui temos um primeiro cenário em que vemos mulheres abusivas num relacionamento: uma resposta, uma reação a outras violências anteriores. Isto é, a mulher viveu um relacionamento anterior em que foi traída, enganada, agredida e desqualificada, o que gerou nela um sentimento constante de desconfiança e de autodefesa. Assim, ela pode assumir comportamentos invasivos de controle sob o medo constante de estar sendo traída, e pode agir agressivamente e impulsivamente diante da sensação de estar sendo desqualificada ou enganada.

Nesse caso se deve, sim, responsabilizar a mulher pelo comportamento agressivo, mas é preciso muita ética e muito cuidado na condução desse julgamento, porque muitos homens recorrem à narrativa de que a mulher se descontrolou primeiro e eles, para se defender, a agrediram. E não há nada que justifique um homem agredir uma mulher, pois, se o homem percebe que num relacionamento amoroso a mulher está sendo abusiva, ele tem todos os recursos simbólicos, materiais, sociais, históricos e emocionais para ir embora. Permanecer ali e agredi-la alegando legítima defesa é a mais pura expressão da misoginia.

Um segundo caso em que vemos a mulher ser abusiva se dá pelo fato de sermos humanos e de termos as nossas pluralidades e sombras. Apesar de a socialização feminina impor um comportamento de obediência, subalternidade e silenciamento, algumas mulheres podem desenvolver comportamentos abusivos porque sua personalidade foi constituída dessa forma. Reforçamos aqui que essa é a esmagadora minoria de casos.

O espaço em que vemos mulheres reproduzirem machismo e misoginia não é nas relações afetivo-sexuais com homens, mas nas relações com outras mulheres, no que chamamos de rivalidade feminina. Esse fenômeno acontece, como já sinalizamos, como uma forma de deslizar a hostilidade sentida pelos homens para um espaço onde é socialmente aceitável ser hostil: com as mulheres.

Mas a rivalidade feminina se dá também em função do clima de competição entre as mulheres, que são colocadas como rivais, disputando a concorridíssima vaga de quem ocupará o coração de um homem. Nessa condição, as mulheres precisam destruir a reputação e a imagem de outras mulheres, julgando e apontando seu comportamento e aparência, medindo-as pela régua da aprovação masculina, a fim de eliminar as concorrentes.

A rivalidade feminina drena a energia das mulheres, que passam muito tempo de sua vida se comparando a outras e buscando ser como aquelas que julgam perfeitas. O que as assombra é o medo de serem elas as eliminadas da competição pelo amor de um homem.

Enquanto estão ocupadas disputando uma guerra imaginária com outras mulheres, elas não percebem que estão construindo com seus próprios corpos o palco onde os homens protagonizarão os jogos de poder. Enquanto as mulheres se ocupam de trabalhar a imagem e de cumprir com rigor a cartilha da feminilidade, se desagregam como grupo, se desidentificando de suas irmãs, a quem consideram não amigas, companheiras, semelhantes e cúmplices, mas rivais, ameaças. Sendo um grupo enfraquecido pelas rivalidades internas, as mulheres perdem força como grupo político, e com isso quem ganha são os homens e o sistema.

Os homens, sustentados pela aliança masculina, fazem questão de manter coesa, protegida e estruturada a masculinidade como classe. Eles não denunciam uns aos outros; protegem os colegas ao encobrir casos de abuso, assédio, estupro e agressão; não rompem laços por divergências políticas ou futebolísticas; competem uns com os outros na busca por poder, não por aprovação.

Por outro lado, as mulheres julgam umas às outras, se engajam em campanhas de difamação pública contra outra mulher, cobram e apontam outra mulher medindo-a pela régua da feminilidade; se associam aos homens nas violências cometidas contra mulheres, se colocando como cúmplices.

Mulheres podem ter dificuldade em respeitar ou admirar outras em posições de poder porque entendem que uma mulher que está liderando uma empresa ou sendo independente, livre e sozinha, sem um marido, está transgredindo o que seria a lei natural das coisas. Operam a patrulha da vigilância sobre os corpos das mulheres, apontando quem está gorda demais, velha demais, magra demais, flácida demais, malvestida demais, e se colocam como verdadeiras cavaleiras do patriarcado, julgando, punindo e sentenciando outras mulheres. Alegam que as outras não são boas mães porque bebem vinho ou não são boas esposas porque viajam sozinhas.

A quem interessa que sejamos um grupo desmantelado, que se odeia e se autodestrói? Se nos engajamos em campanhas de ódio contra outras mulheres, mesmo que seja de forma recreativa, sob um pretenso entretenimento, como seremos capazes de perceber a violência quando ela é dirigida a nós? Toda forma de misoginia — mesmo quando vem de outra mulher, mesmo quando vem de um familiar; mesmo vindo de um companheiro ou uma companheira — é abuso.

As violências

E quais são os tipos de violência? Numa relação abusiva, o que acontece é uma lógica de repressão, opressão, coação, controle e violência, e ela pode assumir muitas formas e incidir sobre diferentes áreas da vida da pessoa violentada. Numa relação abusiva, diferente da relação tóxica, há um envolvimento e uma manipulação psicológica que fazem a mulher enxergar toda a realidade ao seu redor sem nitidez e objetividade, sendo difícil perceber que está sendo vítima de abuso.

Os sinais não estão evidentes porque os abusos se articulam em camadas complexas de opressão e coação, e o comportamento do abusador muitas vezes é imperceptível por conta de uma cultura que naturaliza a violência masculina como cuidado, conforme vimos anteriormente. Por isso é necessário nomear as violências que sofremos a fim de dar corpo à realidade em que vivemos, pois só assim poderemos enxergar os sinais, coletivizar as nossas dores e apontar todos os indícios para um inimigo em comum: o patriarcado, que veicula a masculinidade.

Num relacionamento abusivo, a violência pode ser física, sexual, patrimonial, moral ou psicológica. Em muitas relações a mulher vive todas essas violências juntas, e elas vão se dando gradativamente, escalando até as últimas consequências. Nenhuma relação abusiva começa com um tapa ou um xingamento; elas começam nas performances de gênero que moldam a nossa subjetividade, começam na crença do amor romântico que completa. Se desenrolam na lógica imposta de que o homem precisa provar sua virilidade e exercer o domínio e na ideia de que a mulher precisa suportar, tolerar e contornar qualquer percalço.

Uma relação abusiva encontra terreno fértil nos hiatos da desigualdade de gênero, que deixa muitas mulheres financeiramente dependentes de homens nas relações; que faz as mulheres sofrerem mais baixa autoestima do que os homens, uma vez que elas são sempre vigiadas e cobradas. Há uma produção cultural constante de insegurança feminina que faz as mulheres, sempre ameaçadas pela solidão, sentirem muito medo de ficarem sozinhas e acabarem dizendo, antagonicamente, que "antes mal acompanhada do que só".

A nossa cultura sempre puniu as mulheres com o fantasma da solidão, dizendo que, se fizermos alguma coisa que desagrada ao sistema e transgride as normas de feminilidade impostas, nenhum homem vai nos querer; ficaremos para titias. Uma mulher solteira, sem um homem, é lida como fracassada, como aquela que ninguém quis, e isso se dá porque atrelamos o sucesso feminino a um casamento.

E isso tem impacto em muitos aspectos da vida e da subjetividade da mulher: as mulheres vão perseguir o casamento como sua ideia de auge de sucesso e não vão se dedicar a suas trajetórias profissionais, almejando o sucesso, porque aprenderam que é feio uma mulher ser ambiciosa.

A ideia da mulher sozinha como fracassada também faz as mulheres deixarem de exercer sua autonomia e liberdade. uma vez que sentem medo do julgamento das pessoas — que elas sequer conhecem — por almoçarem sozinhas num restaurante de que gostam, ou por irem ao cinema sozinhas, ou mesmo por viajarem sozinhas. E, se mulheres não exercem sua própria autonomia, decidindo sozinhas sobre seus destinos, não desenvolvem autoconfiança nem autoestima. É por isso que elas vão buscar nos relacionamentos um espaço seguro para poderem viver sem riscos ou erros, afinal estarão protegidas por um homem, que vai calcular as ameaças e tomar as decisões.

E é assim que cuidado e violência se misturam, porque a vida das mulheres, seus pensamentos, desejos e decisões, ficam nas mãos dos homens ou passam pelo seu aval, nos tornando ainda mais dependentes e fragilizadas, sem conseguir desenvolver a nossa própria capacidade de sermos as protagonistas das nossas vidas.

VIOLÊNCIA FÍSICA

Marília é casada com Ronaldo há 12 anos e juntos eles têm dois filhos: Rodrigo, de 8 anos, e Júlia, de 3. Ronaldo é policial militar e se orgulha de ser machista convicto, acreditando que a mulher deve saber cozinhar, cuidar da casa, dos filhos, do marido e do corpo. Marília, que era enfermeira, parou de trabalhar quando esperava Rodrigo, a pedido de Ronaldo, que achava que o hospital era um ambiente com muitos homens, que poderiam assediar Marília e pôr em risco seu casamento. A primeira agressão de Ronaldo aconteceu depois de dois anos de namoro, mas não foi a primeira vez que ele foi violento.

Ronaldo sempre foi ciumento e nunca gostou das amigas de Marília; diziam que eram má influência e que mulher casada não sai com amigas solteiras — mesmo que na época os dois ainda não fossem casados. Em suas crises de ciúme, Ronaldo gritava e xingava Marília, às vezes segurava forte seu braço e a empurrava. Um dia, Marília ficou sem bateria no celular durante o plantão noturno e não conseguiu se comunicar com Ronaldo. Eles ainda não moravam juntos, e, quando Marília chegou em casa, na manhã seguinte pós-plantão, Ronaldo a esperava na porta, nervoso e com raiva, e naquela manhã ela sofreu a primeira agressão.

Ronaldo se desculpou, disse que extrapolou e perdeu a cabeça, mas devolveu a culpa para Marília, alegando que ela podia ter pedido o celular

138 DE OLHOS ABERTOS

de um colega emprestado, que mulher fiel tem que dar notícias ao companheiro. Durante todo o relacionamento os episódios de agressividade e violência eram usuais, mas não muito constantes. Ronaldo chegou a procurar a igreja a pedido de Marília, a fim de mostrar que ia mudar e que estava disposto a ser um novo homem, e foi nessa época que eles se casaram, sob a benção do pastor.

Com o casamento, Marília imaginou que os problemas de ciúme acabariam, porque agora estariam dividindo o mesmo teto e Ronaldo teria total controle sobre seus passos; mas ela se enganou. Depois que começaram a morar juntos, as agressões se tornaram rotineiras. Ronaldo a agredia porque ela não tinha feito o jantar, agredia porque chegava bêbado em casa e Marília perguntava onde ele estava, agredia porque ela havia encontrado uma amiga de quem ele não gostava, agredia porque ela tinha passado muito tempo no telefone com a mãe. Ora Ronaldo fazia promessas dizendo que iria mudar, ora simplesmente não dizia nada e agia naturalmente com o passar dos dias. Marília faltava muito no hospital por conta dos hematomas. Nas vezes que precisava sair de casa, dizia que tinha caído enquanto lavava o banheiro.

Quando engravidou, Marília imaginou que entraria numa nova fase do casamento, que Ronaldo ficaria mais calmo porque realizaria o sonho de ser pai. Não foi o que aconteceu: ela foi humilhada e traída durante toda a gestação, e também apanhou enquanto estava grávida. Quando Rodrigo nasceu, Ronaldo saiu de casa e foi viver com uma amante com quem estava se relacionando. Não durou muito, e alguns meses depois ele voltou para casa. Passou um bom tempo sem nenhum episódio de agressão, e Marília começava a achar que finalmente teria outra vida, mais calma e sem violência. Ela se enganou mais uma vez: à medida que Rodrigo crescia, Ronaldo passou a ficar ainda mais irritado e as agressões começaram a ficar mais intensas, chegando ao ponto de Marília ser agredida com o filho no colo e de Ronaldo apontar a arma para ela.

Marília tinha vergonha de contar para as pessoas o que vivia e também não tinha com quem dividir os problemas, uma vez que Ronaldo havia afastado toda a sua rede de apoio. Quando Rodrigo fez 5 anos, Ronaldo o ensinou a manusear sua arma e dirigia pelos bares da cidade com a criança no colo. Assustada, Marília decidiu se separar, avisou a Ronaldo

AS MODALIDADES DA VIOLÊNCIA NUMA RELAÇÃO ABUSIVA

que ia embora com o filho, mudando-se para a casa da mãe porque não aguentava mais viver aquele clima de tensão e violência e percebia que seu filho estava sendo influenciado por essa atmosfera. Ronaldo se revoltou e agrediu Marília com uma violência nunca antes vista e faz a ameaça: "Se você me largar, eu te mato." Ela, tomada pelo medo e assustada, se sentiu sem forças e permaneceu ali, agora completamente refém dele.

Ronaldo procura Marília sexualmente quase todos os dias, e ela, com medo de negar e receber sua fúria, aceita sem contestar. Num desses episódios de estupro, Marília engravida de novo. Inicialmente o clima é de resignação. Ronaldo diz que vai ser o pai que não foi, que vai participar da gestação como não participou, que Deus está dando uma nova chance para ele ser um novo homem. Marília não acredita, já sabe onde tudo isso vai dar, mas não tem mais forças para sair de casa.

Essa é uma crônica da vida real de milhares de mulheres que são agredidas todos os dias no Brasil. Em 2020, durante a pandemia, segundo uma pesquisa do Fórum Brasileiro de Segurança Pública, oito mulheres foram agredidas por minuto.[25] Esse é um número chocante e inadmissível, e revela que falhamos como sociedade. Falhamos porque a agressão física contra as mulheres é o penúltimo ato de uma série de violências anteriores que foram sendo cometidas e não foram interrompidas; o último ato é o feminicídio. Se um homem agride uma mulher uma vez, vai agredir muitas outras. Quando acontece a primeira agressão, uma série de alertas vermelhos foi acionada anteriormente e ninguém interveio. Antes do tapa há o empurrão, antes do empurrão há o xingamento, antes do xingamento há o grito, antes do grito há o ciúme, o controle, o isolamento social.

A sociedade é responsável pelos números sangrentos que exibimos hoje no que diz respeito à violência doméstica. Somos nós quem criamos esses homens, e eles não são monstros, são homens absolutamente normais, cidadãos de bem, religiosos e até educados. Somos nós que não repudiamos, sinalizamos, nomeamos ou interrompemos todas as violências que

---

[25] FÓRUM BRASILEIRO DE SEGURANÇA PÚBLICA/INSTITUTO DE PESQUISAS DATAFOLHA. *Visível e Invisível: A vitimização de mulheres no Brasil.* 3ª edição, 2021. Disponível em: <https://forumseguranca.org.br/wp-content/uploads/2021/06/relatorio-visivel-e-invisivel-3ed-2021-v3.pdf>.

testemunhamos todos os dias nos nossos ciclos de amizade e família ou mesmo nos espaços públicos em que assistimos uma mulher ser achacada por um homem numa balada ou num ponto de ônibus. Quando silenciamos, somos cúmplices, carregamos sangue nas mãos.

É preciso um pacto em prol da vida das mulheres, e ele requer um reposicionamento das mulheres como grupo unido e acolhedor, e um reposicionamento dos homens na construção de outra masculinidade, não violenta e predatória.

Violência sexual

Rafaela tem ficado constantemente com Bruno, um cara interessante que ela conheceu por intermédio de amigos. Ele é interessante, divertido, faz um perfil meio boy tranquilo e favorável, então Rafa, que é uma mulher bem esperta, já entendeu que não rola desenvolver um sentimento que a conduza a um relacionamento. Afinal, se envolver com um boy tranquilo e favorável é cilada na certa!

Mas Rafa está curtindo o momento e eles alternam as saídas entre vinhos na sua casa, filmes na Netflix na casa de Bruno e barzinho com amigos. Os encontros são leves, e o sexo é incrível. No segundo encontro, quando estavam meio bêbados de vinho, Bruno tentou driblar o uso da camisinha, mas logo atendeu aos pedidos de Rafa, que disse que não transava sem proteção. Dormiram juntos e Rafa acordou com uma sensação estranha, mas não sabia dizer o que era.

No outro final de semana, enquanto transavam, quando estava prestes a gozar, Bruno parou de penetrá-la e lançou seu jato de esperma em cima de Rafa, que, assustada, perguntou: "Cadê a camisinha?", ao que ele respondeu com uma risadinha: "Ah, linda, tirei. Tava incomodando muito." Rafa, que sabe que essa prática se chama *stealthing* e que é uma violência sexual, se levantou, indignada, e disse que o que acabara de acontecer era inadmissível, uma violação semelhante ao estupro, ao que Bruno respondeu: "Que isso! Mas num tava gostoso? Você tava quase gozando também! Não exagera, gata, não tem risco de você engravidar. Eu gozei fora!".

A prática do *stealthing,* termo que vem do inglês *stealth* (atuação furtiva, disfarce) e que caracteriza a prática criminosa de remoção proposital e não

AS MODALIDADES DA VIOLÊNCIA NUMA RELAÇÃO ABUSIVA 141

consentida do preservativo durante ato sexual, se enquadra não como estupro, mas como violação sexual, e tem sua origem na construção predatória da masculinidade e na cultura da pornografia. Homens, que não engravidam, não se preocupam com medidas contraceptivas como mulheres se preocupam, mas também ignoram os riscos de transmissão de infecções sexualmente transmissíveis porque se sentem protegidos pelo manto sagrado da masculinidade.

A camisinha representa um limite que o homem não tolera: não só um limite físico, imposto pelo invólucro sobre o pênis, como um limite que vem da exigência da mulher que não aceita transar sem camisinha. E, como aprendemos até aqui, os homens não toleram limites ou negativas. Como são educados sexualmente pelos vídeos pornográficos, em que a prática de sexo sem camisinha é a mais vista e requisitada, os homens acham que o bom sexo, o sexo que dá prazer, é o sexo desprotegido. Assim, quando não conseguem convencer a mulher a transar sem proteção, fazem uso dessa tática covarde que é tirar a camisinha no meio do sexo, sem que a mulher perceba.

Fernanda e João namoram há alguns anos e moram juntos. São um casal jovem, cheio de amigos, e curtem muitos festivais de música eletrônica. Um dia receberam alguns amigos em casa, beberam muito e transaram completamente bêbados. Nem se lembravam do que havia acontecido; só descobriram porque acordaram nus na cama no dia seguinte.

Em outra noite, João ficou em casa trabalhando até tarde e bebeu uma garrafa de vinho sozinho, enquanto Fernanda saiu com umas amigas. Ela voltou completamente bêbada, quase desmaiada, e João lhe deu banho e a colocou para dormir; Fernanda dava risada por qualquer coisa e falava frases sem sentido algum. Eles se beijaram e João transou com Fernanda quase desacordada de tão bêbada. No dia seguinte ela acordou nua e sem saber o que havia acontecido, e João contou que ela chegara embriagada, ele dera banho nela e os dois foram dormir. "A gente transou?", perguntou Fernanda. "Ih, é! Teve isso! Eu tava meio bêbado também, transamos sim!" Fernanda sentiu certo desconforto, mas não entendeu bem por quê.

Semanas depois, a mesma história se repetiu: Fernanda chegou em casa muito bêbada e sob efeito de drogas; João a recebeu sóbrio, lhe deu banho, a colocou para dormir e transou com ela praticamente desacordada, balbuciando palavras sem sentido. Fernanda acordou no meio da noite, sentiu a cama molhada e no dia seguinte perguntou a João o que havia acontecido.

142 DE OLHOS ABERTOS

Mais uma vez ele omitiu a parte do sexo, e contou apenas que ela chegara embriagada e que ele tinha dado banho nela e posto para dormir.

Fernanda alegou achar muito estranha essa história de ele transar com ela completamente bêbada, sem se lembrar de nada, provavelmente estando inerte e desacordada durante o ato sexual, e afirmou que se sentiu invadida, um pedaço de carne, uma boneca inflável, um buraco. Ao que João respondeu: "O que é isso, amor, sou seu namorado!"

Fernanda não sabe, mas essa prática não se chama sexo. Na verdade, é crime: estupro de vulnerável. Manter relação sexual com uma mulher desacordada, que não tem condições de dar seu consentimento ou sua negação, é crime. Temos a ideia de que estupro é um crime que acontece quando um desconhecido encapuzado nos surpreende num beco escuro, com uma faca no pescoço, e nos violenta, mas já vimos neste livro, logo no começo, que a maior parte dos estupros acontece dentro de casa.

A lógica patriarcal que coloca o corpo das mulheres como posse dos homens pressupõe que os homens podem ter livre acesso a esses corpos: seja o estranho que decide passar a mão e nos assediar no transporte público; seja nosso companheiro que acha que transamos com ele quando ele quiser. Se uma mulher não está em condições de dizer "não", ela também não está em condições de dizer "sim", portanto é criminosa a prática sexual em que apenas o homem, que está ali sóbrio e consciente, obtenha prazer se servindo do corpo desacordado de uma mulher.

Criminosa, essa prática revela como homens não respeitam os limites e, mais ainda, aponta uma denúncia sobre a sexualidade masculina: como é possível manter uma ereção, sentir prazer e gozar com um corpo desacordado, que mal sabe o que faz? Os homens não enxergam as mulheres no sexo porque a forma como aprendemos a transar, baseada na cultura da pornografia, desconsidera o prazer ou o protagonismo feminino, tomando o corpo da mulher a serviço do prazer do homem. Assim, se a mulher está acordada ou não é irrelevante da perspectiva do prazer masculino, porque a masculinidade ensina os homens a se importarem apenas com o próprio prazer.

Andreia é casada com Douglas, um boy probleminha, há sete anos, vivendo um relacionamento desgastante, cheio de culpa e pressão psicológica. Mas é no sexo que os problemas são maiores. Tudo começou quando Douglas lhe disse que tinha vício em pornografia, e que costumava

AS MODALIDADES DA VIOLÊNCIA NUMA RELAÇÃO ABUSIVA   143

se masturbar compulsivamente. Andreia já havia percebido que Douglas provavelmente tinha alguma questão em relação ao sexo, porque sentia que, enquanto transavam, ele era muito rápido e exalava alguma violência; ela se sentia um pouco invisível ali, mas achou que a justificativa dada do vício em pornografia e da compulsão na masturbação explicava isso.

Ao longo do tempo, o comportamento de Douglas foi ficando estranho: de repente, sem nenhum contexto, ele aparecia se masturbando e pedia que Andreia assistisse. Num primeiro momento, Andreia achou excitante, uma forma de quebrar a rotina, mas foi percebendo que não se tratava de uma algo para movimentar a relação, e sim de uma exigência que ele fazia: "Me veja gozar!". Às vezes Andreia não queria estar presente e eles brigavam, mas era sempre desgastante, porque Douglas dizia que ela o estava rejeitando, que não estava compreendendo seus problemas com pornografia e sua compulsão.

Depois, Douglas passou a acordar Andreia no meio da madrugada, já de pênis ereto, tentando penetrá-la e forjando um clima de tesão, pedindo que transassem. Andreia percebia que, enquanto dormia, Douglas já tinha lhe tocado e às vezes até mesmo a penetrado, e muitas vezes ela acabava transando devido à insistência dele e por temer toda a atmosfera de lamúrias e reclamações que vinha depois.

Por fim, Douglas já não disfarçava ou encenava mais, passou a fazer chantagens explícitas: "Se você não transar comigo, não vou pagar o plano de saúde este mês"; "Se você não quiser anal, vou fazer aquela viagem sozinho"; "Se você não for para o motel, não vou fazer as compras do mês esse mês". Assustada, Andreia se submetia a rotinas sexuais por vezes compulsivas e excessivas, coagida pelas ameaças e para evitar o clima de desconforto, cobranças e brigas, caso negasse ao marido o acesso ao seu corpo.

Mais um caso para reforçar que o estupro, em geral, não acontece no matagal escuro sob a ameaça de uma faca no pescoço. O estupro marital é uma realidade baseada no fato de que se entende, num casamento, que a mulher deve servir ao marido e que seu corpo, portanto, pertence a ele. O casamento seria, assim, um espaço em que a mulher perde a propriedade do corpo, que passa a ser tutelado pelo marido. Ele tem a posse do corpo dela e pode fazer uso como quiser. Mas estupro marital é crime, uma vez que o homem não pode forçar uma mulher a manter relações sexuais com ele, nem por insistência nem por ameaças.

Vamos avançar nessa questão quando reivindicarmos de volta a posse dos nossos corpos e o respeito a nossa individualidade e dignidade humana. Vamos avançar na luta contra a violência sexual quando derrubarmos os padrões de masculinidade vigentes sobre o pilar estrutural do machismo e da misoginia e quando exterminarmos a cultura da pornografia, que estimula a violência contra os corpos de mulheres, confundidos com superfícies plásticas para a satisfação masculina. Vamos avançar quando entendermos que pornografia é estupro filmado, que casamento não é transmissão de posses e alienação de si, e que sexualidade feminina precisa ser vivida e respeitada.

VIOLÊNCIA PATRIMONIAL

Jane é farmacêutica, tem um bom salário e gosta de levar uma vida de pequenos luxos e conforto. Frequenta a esteticista duas vezes na semana, vai ao cabeleireiro toda sexta-feira e é cliente assídua da loja de roupas mais bombada da cidade. Quando começou a namorar Arthur, que é bancário, Jane passou a entender mais sobre investimentos e educação financeira. Arthur ensinou a Jane a importância de investir seu dinheiro, e ela, que já tinha um carro, queria realizar o sonho da casa própria e passou a investir seguindo as instruções de Arthur.

Ele, sempre se colocando do lugar daquele que entende mais do que ela, fazia observações sobre o comportamento de consumo de Jane, dizendo que ela gastava demais e que não tinha inteligência financeira. Os dois foram morar juntos no apartamento de Arthur, e agora Jane não precisava mais pagar aluguel e se animou para conseguir juntar dinheiro para dar entrada na sua casa.

Mas Arthur a convenceu de que ela era muito consumista e não teria maturidade para continuar guardando dinheiro; ele dizia que agora, como sobraria mais dinheiro, ela iria gastar mais. Ele se ofereceu, então, para administrar o dinheiro dela, sugerindo que ela pedisse ao seu empregador que depositasse seu salário numa conta no banco em que Arthur trabalhava. Jane negou, não se sentiu confortável de perder sua autonomia financeira e se disse capaz de gerir as próprias finanças.

Entretanto, ao longo do relacionamento, Arthur não parava de apontar e criticar todos os gastos de Jane, dizendo que ela dava muito dinheiro à mãe, a quem ele julgava ser uma encostada; que ela comprava demais, que

AS MODALIDADES DA VIOLÊNCIA NUMA RELAÇÃO ABUSIVA   145

desperdiçava dinheiro. Ele jogava na cara de Jane o fato de ela morar com ele sem pagar aluguel e impôs uma condição: para que eles continuassem juntos, Jane precisaria deixar todo o salário dela na conta no banco dele e ele iria transferir para ela um valor que ela pudesse gastar. Em nome da relação e por confiar em Arthur, Jane aceitou, passando a viver com uma mesada do próprio salário.

Esse é mais um episódio de "parecia amor, mas era controle". A socialização patriarcal supõe e impõe certa imbecilização às mulheres, uma burrice para assuntos sérios e relevantes. Entende-se que as mulheres não entendem de política e economia e que, para esses assuntos, precisam ser tuteladas por homens. Não à toa, foi apenas em 1932 que as mulheres conquistaram o direito ao voto no Brasil e somente — pasme — em 1962 que a mulher brasileira pôde prescindir da autorização do marido para trabalhar. Ou seja, a violência patrimonial vem de longos tempos em que as mulheres não podem assumir suas posses: nem do próprio corpo, nem intelectual, nem política, nem financeira.

Se o homem se apodera do dinheiro da mulher sob ameaça do fim da relação amorosa ou por convencê-la de que ela não sabe administrar o próprio dinheiro, essa é uma violência tipificada na Lei Maria da Penha: a violência patrimonial.

Carol e William vivem uma relação instável e explosiva, com muitas brigas calorosas, cheias de gritaria e acusações. William nunca a agrediu, mas as amigas de Carol vivem com medo dos rompantes dele. É comum que, no calor dessas brigas, William destrua objetos de Carol; não quaisquer objetos, como os pratos que estão na mesa ou os vasos de plantas. Uma vez ele rasgou uma roupa que Carol havia acabado de comprar, alegando que era roupa de puta; em outra ocasião, quebrou um colar que Carol havia ganhado de aniversário como presente de sua falecida avó; depois, durante uma briga, quebrou a televisão da casa de Carol porque ela não queria ir ao cinema com ele. Por fim, numa crise de ciúme, William quebrou o celular de Carol, jogando-o na parede e pisando em cima depois. Ele nunca ressarciu os prejuízos deixados.

Mais do que uma cena de violência e hostilidade, destruir objetos pessoais de valor financeiro ou emocional é crime: violência patrimonial. Além de se configurar também, de forma simbólica, uma ameaça: ele destrói os objetos para não agredir a mulher, transmitindo um ar de ameaça e fazendo a mulher sentir medo de que na próxima crise seja ela o alvo da raiva e das agressões. Não podemos naturalizar esses comportamentos como mera inconsequência e impulsividade masculina. É violência.

Amanda e Daniel namoram há muitos anos e, juntos, guardaram dinheiro para comprar o apartamento em que moram. Amanda é profissional liberal, dona de uma clínica de estética, e Daniel é funcionário público. Os dois dividiram meio a meio o valor da entrada, assim como dividem meio e a meio as parcelas do financiamento do imóvel. Também dividem igualmente os gastos com a casa. Entretanto, o apartamento e o financiamento estão no nome de Daniel, uma decisão tomada em conjunto pelo casal por achar que, em função de ser ele um funcionário público, os dois conseguiriam melhores condições junto ao banco por ocasião do financiamento.

Daniel é um perfil de boy joão-bobo, sempre responsável, cumprindo todas as suas obrigações, o que deixa Amanda muito tranquila e confortável por saber que o companheiro é honesto e nunca faria nada para prejudicá-la. Daniel quer ter filhos, Amanda não; ela quer viajar, aproveitar a vida e comprar uma casa na praia antes de engravidar.

A cobrança por ter um bebê desgasta o casamento, e Amanda decide se separar. Aparentemente a separação se dá de forma amigável, e Daniel, embora triste e desapontado, mostra entender e respeitar. Os dois combinam que Amanda viajaria de férias e, quando voltasse, decidiriam a divisão do apartamento.

Às vésperas da viagem, Amanda não encontra seu passaporte, e fica desconfiada de que Daniel possa ter escondido, como forma de vingança. Ela pergunta a ele, que nega estar de posse de seu documento. Amanda vai até o trabalho de Daniel quando ele não está no escritório e encontra o passaporte escondido na gaveta. Tira uma foto dele, não sem antes registrar por mensagem a pergunta sobre o paradeiro de seu passaporte e receber a resposta do ex afirmando que não sabia. Instruída e informada sobre a seriedade do que acaba de acontecer, Amanda conversa com Daniel, dizendo que localizou o passaporte e que o ato de reter um documento que a impede de exercer seu direito de ir e vir é crime, violência patrimonial.

Daniel ouve tudo calado, parece constrangido e desconcertado. Amanda viaja e, durante suas férias, recebe a ligação do advogado de Daniel, avi-

AS MODALIDADES DA VIOLÊNCIA NUMA RELAÇÃO ABUSIVA

sando que ela não teria direitos sobre o apartamento ou os investimentos bancários, uma vez que estavam todos no nome de Daniel.

A violência patrimonial pode causar verdadeiras tragédias na vida das mulheres, fazendo-as perder bens e imóveis que conquistaram com trabalho e esforço e, nesse caso, contribuindo para que homens enriqueçam e prosperem à custa da sua exploração. É comum, em relações permeadas pelo ideal de amor romântico, que prevê confiança total e eternidade, que a mulher deixe sob os cuidados do homem a sua própria administração patrimonial, ou a gestão sobre os bens que os dois adquiriram juntos. Entretanto, não se pode confiar na idoneidade e honestidade do companheiro, uma vez que já entendemos aqui que os homens punem sem pudor mulheres por quem se sentem rejeitados.

VIOLÊNCIA MORAL

Bia e Jefferson são um casal jovem. Os dois se conheceram na escola e hoje estão concluindo a graduação, ele cursa Medicina e ela, Psicologia. Jeff é conhecido por ser um pouco impaciente e grosseiro, e todos ao redor naturalizaram isso como sendo o jeito dele. Entretanto, na relação com Bia, o comportamento acaba ganhando uma dimensão mais radical, porque Jeff se sente mais à vontade para ser agressivo e cruel.

Ele nunca agrediu Bia, mas sempre grita, fala alto, humilha, xinga. Afirma que Bia é burra e não sabe fazer nada direito, mandou para ela uma foto dos dois na época da escola e disse que gostava de como Bia era naquela época, porque hoje ela está gorda, feia e acabada. Ele confessa ainda que tem vergonha de apresentá-la em sua roda de amigos em função de sua aparência. É comum que Jeff passe dias sem responder a Bia ou até mesmo a bloqueie nas redes sociais depois de uma crise em que ele a ataca com uma metralhadora de ofensas.

Ofender a dignidade de alguém, depreciando-o e humilhando-o, é crime de injúria, que é um tipo de violência moral. Não se trata apenas de um comportamento indelicado e deselegante; é crime: gera danos psicológicos e emocionais. Se passamos uma vida inteira buscando a aprovação dos homens, os homens também passam uma vida inteira entendendo que têm poder de decretar se somos suficientes ou não, se atendemos às expectativas ou não. Com isso, passamos a ficar reféns da validação e aprovação masculina, fazendo com que as ofensas proferidas numa relação amorosa, que deveria ser lugar de amor e carinho, tenham um peso muito grande.

Se os homens usam suas metralhadoras de palavras para nos atingir, precisamos estar equipadas com um arsenal jurídico para responsabilizá--los e nos protegermos.

Francine e Carlos estão em processo de separação, depois de uma relação conturbada com muitas brigas, ofensas, manipulações, traições e até mesmo agressão física. Carlos, que agora namora Nicole (que foi sua amante enquanto ele era casado com Francine), começa uma campanha de fofocas e intrigas contra sua ex-companheira. Junto com Nicole e suas amigas, passa a dizer que era Francine quem tinha um amante no trabalho, que ela era louca e irresponsável, e que já havia esquecido o filho na escola.

O objetivo de Carlos é escapar do pagamento da pensão, exigindo que Francine tope abrir mão de recebê-la, ou então abra mão da guarda do filho deles, não para que Carlos seja o responsável integral pela criança — afinal, ele pretende deixar o filho na casa da mãe —, mas para livrá-lo dessa responsabilidade.

A rede de fofoca e difamação de Francine toma grandes proporções, porque Carlos, Nicole e suas amigas se engajaram nos grupos de Facebook e WhatsApp na tarefa de assassinar a reputação da ex. Os boatos chegaram até o trabalho, e o emprego de Francine ficou ameaçado devido à repercussão da situação.

Esse exemplo ilustra não um simples caso de fofoca, mas uma conduta criminosa que se enquadra na violência moral que é a difamação. As campanhas de difamação contra uma mulher dificilmente acontecem sem a ajuda de outra mulher, já que a rivalidade feminina facilita que mulheres se ofereçam em defesa da honra e da imagem de um homem, mesmo que isso signifique colocar outra mulher na fogueira.

As redes sociais se tornaram um terreno fértil para as campanhas sistemáticas de difamação que circulam como fofocas e que são alimentadas como boatos, mas têm consequências sérias na vida de quem é difamado.

Lívia e Marcos se relacionam há pouco tempo, movidos pela paixão avassaladora que os abateu. Tudo é muito intenso, e em nome disso já terminaram e voltaram algumas vezes. Numa dessas vezes, Marcos, por ter descoberto que Lívia ficou com outras pessoas no período em que estiveram separados, começa a dizer entre os grupos de amigos que ela é mentirosa e mau caráter e que tem um passado de erros e podres. Segundo ele conta, Lívia já roubou dinheiro do caixa de seu trabalho e bate na avó idosa, tratando-a com extrema agressividade. Tudo não passa de mentira, uma forma de ferir Lívia, e ele se arrepende depois que os dois reatam, mas não desmente o que contou às outras pessoas. Até que Lívia descobre a fofoca que está correndo com seu nome e põe fim à relação.

Imputar uma conduta criminosa a alguém é crime de calúnia e está incluído como violência moral. Dificilmente uma calúnia acontece sem uma difamação, e essa prática revela, além do crime, que parece um mero comportamento explosivo e inconsequente, que os homens sentem que têm poder discursivo sobre as mulheres e que podem, a partir de suas sentenças, definir para nós lugares marginais, angariando outras presenças femininas dispostas a colocar lenha na fogueira que nos queima.

VIOLÊNCIA PSICOLÓGICA

O namorado de Carla não gosta que ela conviva com seus amigos, e passa longas horas dizendo como Cris é vulgar, como Junior é burro, como Vanessinha é chata, como Jennifer é interesseira. Carla se sente pressionada pelos posicionamentos de seu namorado, que chega a criar intrigas no grupo de amigos da namorada a fim de distanciá-la deles. No fim das contas, é tão desgastante equilibrar a tensão entre o namorado e os amigos — e a esta altura os amigos também já perceberam que seu namorado é bem abusivo e controlador — que Carla acaba caindo no isolamento.

Bárbara namora um rapaz que constantemente critica sua aparência, não necessariamente de forma hostil ou com insultos, mas de um jeito sutil, como se desse dicas amigas. Ele comenta que ela deu uma engordada nos últimos tempos, quando vão a um restaurante insinua que ela deveria pedir uma salada, e quando a vê comendo um chocolate a repreende mais grosseiramente, alegando que é por isso que ela está daquele tamanho, e ri.

Ele costuma trazer triangulações para reafirmar seu controle sobre a imagem de Bárbara, dizendo que sua mãe comentou que ela está descuidada, e que seus amigos perguntaram se ela estava bem, já que havia engordado tanto. Bárbara começa a desenvolver transtorno de ansiedade e transtorno alimentar em função de ter a aparência o tempo todo criticada por quem devia lhe admirar, exausta de ter seu comportamento alimentar controlado por quem deveria compartilhar com ela bons momentos.

Fabi conta numa roda de amigos, em tom de humor, que seu novo namorado é neurótico. Ela comenta que ele tem acesso ao localizador do seu celular e colocou também um rastreador no seu carro, assim como tem a chave do seu apartamento. Segundo Fabi, ele é muito preocupado com a segurança dela.

Os amigos advertem que esse é um comportamento de controle, uma forma de ele saber onde ela está e por onde andou, assim como de acessar a privacidade de sua própria casa. Fabi acha tudo isso um exagero, afinal eles são um casal e compartilham tudo; os dois têm as senhas das redes sociais um do outro. O que Fabi não conta para os amigos é que seu namorado checa seu celular todos os dias para saber com quem ela conversou e solicita que tire fotos do lugar em que está para provar que está ali e mostrar com quem está.

Helena se relaciona com Fernando, um homem instável e explosivo. Controlador, ciumento, problemático e carente, Fernando usa a ameaça como uma arma de controle. Ele garante que, se Helena viajar de férias com sua família, ele vai se matar, e que, se ela terminar com ele, vai matá-la. As ameaças são constantes e sempre retiradas depois, num momento em que Fernando se desculpa e diz que agiu de cabeça quente querendo feri-la. Ele jura que jamais seria capaz de fazer qualquer coisa contra a mulher que mais amou na vida.

Paulo é um homem articulado e eloquente e é o namorado de Alice, uma mulher inteligente e bem-relacionada. Alice vem percebendo condutas estranhas no comportamento de Paulo e suspeita que ele a esteja traindo. Ela empreende então tentativas de dialogar sobre isso e dividir suas suspeitas gradativamente. Primeiro pergunta onde ele estava no sábado passado, e ele mente. Ela faz mais algumas perguntas e ele começa a se esquivar, dizendo que ela está sendo louca e invasiva.

AS MODALIDADES DA VIOLÊNCIA NUMA RELAÇÃO ABUSIVA

Por um momento Alice chega a pensar que pode estar exagerando e vendo coisas onde não tem; até que, dias depois, uma amiga conta que viu Paulo com uma mulher. Alice desmascara o companheiro, que mais uma vez desconversa e grita que ela não sabe o que está dizendo, que está sendo manipulada pela amiga, que está fazendo acusações infundadas, que está havendo um complô contra ele porque meses atrás ele não quis emprestar dinheiro para essa amiga. Alice não acredita totalmente naquele malabarismo discursivo, mas pondera.

Até que um dia, enquanto Paulo dirige, Alice vai mudar a rota no GPS usando o celular do namorado quando vê chegar a mensagem de uma moça, sobre quem ela pesquisa logo depois. Alice liga os fatos e entende que Paulo e a moça estão juntos, e mais uma vez vai contestá-lo. Ele a acusa de invadir sua privacidade, como se ela tivesse vasculhado seu celular, diz que está decepcionado com essa postura e inverte o jogo, como se estivesse ele em posição de estar desapontado com alguém. Sua narrativa é tão crível e sofisticada que no final Alice se desculpa por desconfiar dele.

Thiago é mimado e empobrecido demais de recursos simbólicos — e enriquecido demais de orgulho — para estabelecer diálogos que comuniquem seus incômodos ou que lhe possibilitem lidar com a frustração. Sempre que se sente frustrado, culpa Marina, sua namorada, por ter feito ou deixado de fazer alguma coisa, e a pune com longas temporadas de silêncio e cara feia. Os dois passam dias, morando sob o mesmo teto, com a cara emburrada e o silêncio ensurdecedor de Thiago, que não diz nem bom-dia ou boa-noite. Marina se pergunta o que aconteceu, avalia o que pode ter feito que tanto feriu Thiago, mas ele não diz. Ele prefere que ela trabalhe mentalmente avaliando e revendo cada atitude para descobrir o que causou a chateação no rapaz.

Todas as situações que eu descrevi configuram muitas faces da violência psicológica, que, graças ao encorajamento das mulheres que trouxeram à tona suas experiências e deram nome às violências que sofreram, em 2021 virou crime, com pena de reclusão de seis meses a dois anos. Essa é uma vitória importantíssima, que dá corpo institucional a uma violência que nos mata por dentro e que muitas vezes não identificamos. Eu vivi a violência psicológica e chorei quando li o texto que consta hoje no Código Penal:

Art. 147-B. Causar dano emocional à mulher que a prejudique e perturbe seu pleno desenvolvimento ou que vise a degradar ou a controlar suas ações, comportamentos, crenças e decisões, mediante ameaça, constrangimento, humilhação, manipulação, isolamento, chantagem, ridicularização, limitação do direito de ir e vir ou qualquer outro meio que cause prejuízo à sua saúde psicológica e autodeterminação: Pena — reclusão, de 6 (seis) meses a 2 (dois) anos, e multa, se a conduta não constitui crime mais grave.

O Judiciário reconheceu que o que eu vivi foi um crime, uma violação contra minha vida e meus direitos fundamentais. Eu não estava louca, nunca estive louca, eu não tinha culpa. Naquele agosto de 2021 eu me senti absolvida de um crime que nem sequer tinha cometido, que era ser eu mesma. Naquele agosto de 2021, enquanto me recuperava dos danos psicológicos deixados em mim depois daquela relação e que reverberam ainda hoje, vi acender uma chama de esperança: existe justiça para nós.

A violência psicológica é, na minha opinião, a maior arma nuclear usada dentro das relações amorosas, justamente porque ela é a condição necessária para que todas as outras violências se instalem. A integridade psíquica das mulheres sempre foi instável e frágil, em função da cultura patriarcal, que nos deixa suscetíveis à constante aprovação e validação masculina. Quando essa delicada camada narcísica e psíquica que nos protege e nos organiza psiquicamente é invadida e violada, o efeito é de total desmoronamento e despersonalização.

Tudo que constrange, humilha, ameaça, desqualifica e chantageia é violência psicológica. Se o homem incute, de forma sistemática a culpa, fazendo a mulher se sentir constantemente responsável pelo seu bem-estar e, portanto, a única responsável pela sua frustração, está praticando violência psicológica.

Há uma violência psicológica mais comum e mais estrutural que é operada não só nas relações amorosas, mas em todas as relações: o *gaslighting*, por meio do qual o homem desqualifica a percepção e a reivindicação da mulher, fazendo-a duvidar do daquilo em que acredita e daquilo que vê e imputando a ela um caráter de insanidade ou loucura, para que a mulher perca a credibilidade.

O *gaslighting* é a coluna vertebral da violência psicológica, criando terreno fértil para que todas as outras manipulações e violências se instalem. Ele ataca diretamente a autoconfiança da mulher, que passa a duvidar de sua própria capacidade de avaliar a realidade em que vive.

"Será que eu entendi errado?"; "Será que eu exagerei?"; "Acho que foi um mal-entendido, um ruído na comunicação"; "Eu não posso estar louca. Foi isso mesmo que aconteceu, eu estava lá". A mulher se vê tomada por mil questionamentos, contestações e manipulações discursivas e emocionais, atropelada por outras perguntas quando buscava respostas: isso é o *gaslighting*, que não tem tradução na língua portuguesa e que eu traduzo livremente para *cêtáloka*.

O homem distorce e manipula os fatos, fazendo a mulher acreditar que sua própria percepção da realidade não é válida ou correta, muito pelo contrário, é enviesada, mentirosa e injusta. Desse modo ele ganha o controle e o monopólio da narrativa, conduzindo a mulher para onde lhe for mais conveniente. No *gaslighting*, a mulher se torna uma marionete, sofre uma espécie de lavagem cerebral emocional que lhe tira o senso crítico e a autonomia.

Muitas mulheres viveram, vivem ou viverão uma relação abusiva e não conseguem enxergar que foram vítimas porque as manipulações são sutis, passam por naturais, ou ficam na esfera individualizada do "É o jeito dele!"; "Foi um mal-entendido!"; "É porque eu sou difícil também, né?".

Na verdade não há nada de individual na desqualificação e destruição da autonomia feminina; é uma categoria estrutural, resultado de um processo histórico. As bruxas queimadas vivas na fogueira eram mulheres trabalhadoras, parteiras, cientistas, subversivas, e houve uma produção social que as representou como malvadas ou feiticeiras; as histéricas de Freud eram mulheres inconformadas, desobedientes, violentadas, reivindicando um espaço de fala e escuta; e foram lidas como loucas.

Até quando seremos aniquiladas, queimando na fogueira como bruxas ou histerectomizadas e internadas como histéricas? Até quando nos farão acreditar que somos nós o problema?

É esse o efeito da violência psicológica: mina a autoestima, porque nos sentimos equivocadas, insuficientes, inadequadas; mina a autoconfiança, porque nos sentimos despreparadas, burras, incapazes, dependentes. E é exatamente assim que o sistema patriarcal espera que as mulheres se sintam: fragilizadas, enfraquecidas, alienadas, dependentes.

A violência psicológica é a arma mais potente na destruição de qualquer pessoa — sendo nosso foco aqui as mulheres. Ela se apresenta, nas relações, desde o primeiro momento, no flerte inicial, na conquista, e se estende por toda a relação, permanecendo mesmo quando o envolvimento já terminou. Até porque uma relação abusiva não acaba quando termina: deixa rastros, impactos, sequelas. Bagunça toda a perspectiva de tempo e verdade, borra as fronteiras do corpo e do psiquismo, enfraquece a chama criativa, arrefece a potência dos laços de afeto. Tudo vira medo, pânico, terror, ansiedade; uma vontade de chorar presa na garganta, lágrimas que escorrem quando não se pretende chorar porque se pensa que, depois da seca, tudo ficou seco aqui dentro também.

Viver depois de uma relação abusiva é por muito tempo sobreviver, recolher o que restou, sermos jogadas violentamente no passado diante de qualquer gatilho que apareça que nem sequer sabíamos que existia, mas ele estava lá.

As estratégias de manipulação

A violência psicológica é perversa, muitas vezes silenciosa, cruel e geralmente aparece sem nome, se apoiando apenas numa sensação de que algo não está certo. Essa sensação se chama intuição, e é o inconsciente lendo e traduzindo a mensagem do trauma, convocando a dar nomes às estranhezas para que se dê lugar às dores.

Apresento a seguir uma lista, uma espécie de glossário, com as nomeações de algumas estratégias de manipulação psicológica que estão presentes na nossa experiência como mulheres e que nos atingem e fortalecem o nosso modo ansioso, vulnerável e dependente de responder aos homens:

- *Negging* ou *xoxação*: acontece quando o homem faz um elogio a uma mulher de forma depreciativa, uma espécie de morde e assopra. Ele diz, por exemplo, "Você tem um corpão. Se malhasse ia ficar bem gostosa", ou ainda "Tá linda hoje. Esse batom aí que deu uma aparência meio ruim, né?". O objetivo do homem nessa estratégia

AS MODALIDADES DA VIOLÊNCIA NUMA RELAÇÃO ABUSIVA   155

é calibrar a desigualdade: ele está interessado na mulher, portanto supõe que ela está em posição de vantagem e vai escolher se fica ou não com ele. Então, para furar essa posição de poder, o homem deprecia a mulher, atingindo de forma sutil — e às vezes até bem--humorada — sua autoestima e provocando insegurança. Assim o homem se sente no controle novamente e se posiciona como aquele que sabe avaliar e escolher uma mulher, aquele que sabe como uma mulher deve ser, fortalecendo sua posição de superioridade.

- *Love bombing* ou explosão de amor: o homem faz manifestações de amor exageradas e cinematográficas a fim de impressionar a mulher e de instituir alguma dívida de retribuição. Nesse caso é comum ele aparecer não com um buquê de rosas, mas vinte buquês; ou enviar não um café da manhã, mas um café da manhã, um ingresso de show, um dia no spa e um final de semana num resort. Geralmente a explosão de amor aparece quando o homem quer conseguir algum objetivo específico, seja se desculpar por alguma coisa errada que fez, seja para ganhar um bônus, uma vantagem, imputar, à parceira que recebe a explosão de amor, uma dívida. Em geral, a estratégia da explosão do amor é maquiar uma situação desconfortável que aconteceu ou que acontecerá, como se fosse possível, por meio de bens materiais e de provas de amor, dirimir os danos causados pelos erros. Com a mesma intensidade com que prova o amor, o explosivo do amor vai também requerer provas de amor megalomaníacas e cinematográficas.

- *Benching* ou banco de reservas: um homem, em total falta de responsabilidade afetiva, parece nutrir afeto e carinho por uma mulher, demonstrando interesse e disponibilidade emocional nos momentos em que está junto dela, mas ignorando e desprezando completamente essa pessoa nos momentos em que sua companhia não é mais conveniente. A mulher é deixada em posição de *stand by*, literalmente no banco de reservas. É uma forma de o homem explorar e abusar da disponibilidade emocional da mulher para suprir sua carência. Isso acontece quando a relação se dá a partir de uma temporalidade imposta pelo homem: ele aparece, solicita a presença e se apresenta mesmo muito presente e envolvido, dando sinais de que está interessado; mas se esquiva, esfriando o comportamento ou até mesmo sumindo por um período em que talvez esteja suprindo sua carência com outra pessoa; até que finalmente se vê sozinho de novo e repete o comportamento de procurar.

- *Ghosting* ou sumiço: o homem some sem dar qualquer explicação. O sumiço pode se dar de muitas formas: não responder nunca mais as mensagens ou até mesmo bloquear a mulher em todas as redes sociais sem que nada tenha sido dito ou explicado. O sumiço é mais um caso de falta de responsabilidade afetiva em que o homem deixa a mulher trabalhando mentalmente sozinha para tentar elaborar o que aconteceu, quando ele poderia ter sido honesto e franco e ter admitido que perdeu o interesse ou que voltou com a ex.

- *Curving* ou enrolação: o homem mantém o interesse afetivo e sexual apenas na esfera do virtual, uma forma de suprir sua carência por atenção, mas não se responsabilizar ou se comprometer com o encontro e o que advém dali. Ele pode ter contato diário com a mulher e manter longas conversas pelo celular, sempre sinalizando que precisam marcar um encontro ou que está interessado em vê-la, mas o fatídico encontro nunca acontece. Em geral, nesses casos, o homem está acumulando outros contatos com outras mulheres, que o deixam satisfeito em sua necessidade de atenção; mas ele nem comparece ao encontro com ninguém, nem é honesto, porque não se retira dessa relação em que ele mesmo se colocou de forma tão unilateral.

- *Breadcrumbing* ou migalhas: o homem comparece em completa pobreza emocional, dando apenas o mínimo. O típico caso do homem monossilábico, que responde preguiçosamente as mensagens e que, durante os encontros, passa mais tempo no celular do que conversando. As migalhas que ele deixa são uma forma de ele avaliar qual é o mínimo que a mulher aceita para que ele permaneça ali. Nessas relações ele vai inflando a autoestima, se percebendo como muito incrível e especial, sendo tão amado e querido mesmo dando tão pouco em troca.

- Mimetismo ou espelhamento: o homem se ampara e se apropria da personalidade da mulher como forma de forjar aproximações, semelhanças e coincidências. "Você curte Almodóvar? Estou que-

AS MODALIDADES DA VIOLÊNCIA NUMA RELAÇÃO ABUSIVA 157

rendo fazer um curso sobre ele, acredita?"; "Você estuda francês? Eu também amo francês, tô procurando um curso também!". Ao traçar pontos em comum, ele se oferece como o homem perfeito para aquela mulher, como um recurso para mantê-la distraída de sua verdadeira personalidade, que em geral é manipuladora e egocêntrica.

- *Roating* ou sigilo: numa relação afetiva, o homem diz que está muito envolvido e nos momentos privados e íntimos realmente demonstra afeto; mas ele não expõe a mulher em público, mantém a relação sempre no sigilo. Esconder a relação afetiva que ele vive e de que gosta levanta questionamentos importantes que ecoam na autoestima da mulher: ele tem uma namorada e está mentindo? Ele tem vergonha de mim? Por que não me apresenta para os amigos ou a família? Geralmente o homem não está interessado no compromisso e na responsabilidade de uma relação, mas não quer perder o conforto de viver os momentos agradáveis. Show de egoísmo, irresponsabilidade afetiva e falta de consciência.

- *Hoovering* ou sucção: uma mulher terminou o relacionamento com o ex abusivo, mas ele sempre encontra uma forma de sugá-la para dentro da relação. "Oi, Ju! Quanto tempo, como cê tá? Acabei de ver que esqueci aquele meu livro com você. Vamos marcar de você me entregar?". Ele inventa qualquer desculpa para reencontrar a mulher e mostrar que mudou, que está diferente, e aproveita para ativar nela todas as lembranças positivas daquela relação que acabou com trauma e sofrimento. A intenção do homem nesse caso é manter a mulher sob seu controle e domínio, se certificando de que ela ainda é suscetível a ele e a suas manipulações.

- *Gaslighting* ou *cêtáloka*: um homem faz a mulher duvidar de sua percepção dos fatos e até mesmo dos próprios sentimentos. Ele manipula os fatos, a situação e a narrativa para não se responsabilizar e faz uma constante transferência de culpa, imputando sempre à companheira a culpa por uma coisa que ele mesmo fez.

- Blá-blá-blá: técnica muito utilizada durante o *gaslighting*, quando o homem precisa fazer um malabarismo discursivo para desviar do problema apontado pela mulher. Ela o acusa de mentir, e apresenta provas. Ele então se apega a um elemento da fala e faz uma palestra, apontando sutilmente para a mulher coisas em que ela errou, a fim de que ela se defenda, contra-argumente e se perca no meio da conversa sem sentido que se formou quando ele estava prestes a ser desmascarado.

- *Umbiguismo*: técnica também empregada durante o *gaslighting*, em que o homem tenta incutir sua própria perspectiva sobre a mulher. "Eu não acho que você acha isso"; "você não faria isso, não faz o seu gênero, tenho certeza"; "você fez aquilo para me atingir, eu sei e você sabe também". Ele bombardeia a mulher com suas próprias perspectivas, falando de forma tão assertiva e intimidadora que ela começa a achar que ele sabe mais sobre como ela se sente do que ela mesma.

- Tratamento de silêncio: o homem se recusa a dialogar e quer manter o domínio do jogo de poder na relação, fazendo portanto o sequestro da palavra. Minando a possibilidade de diálogo, ele impõe o silêncio como punição. Fazendo a mulher se perguntar o que aconteceu e o que teria feito para merecer aquilo, ele mantém a posição de poder na relação. É ele quem decide quando o silêncio começa e quando termina, assim como é ele quem decide quando a conversa começa e termina e inclusive se haverá espaço para conversa ou não. O homem opera dessa forma a fim de que a mulher se submeta às suas vontades.

- Adestramento: o homem implanta com muita efetividade qualquer tipo de violência e sabe ler os gatilhos que deixa. Ele pode ter gritado com a mulher uma vez porque ela guardou a cueca na gaveta errada, então ele sabe que, sempre que ela for guardar a cueca, estará atenta se guardou na gaveta certa ou não, com medo da represália que pode vir. Se ele a xingou porque ela bebeu demais no churrasco de domingo, quando ela estiver na segunda cerveja vai parar de beber para não receber a agressividade dele mais uma vez. O adestramento é uma forma de o homem controlar o comportamento da mulher a partir de estímulos incutidos de forma violenta e traumática uma única vez.

5

MAIS VASALISA, MENOS CINDERELA

A história de Cinderela

Há uma história infantil que moldou a subjetividade das meninas: Cinderela. Crescemos encantadas com as histórias de princesas e toda a semiótica envolvida nessas narrativas, que colocam a mulher em uma posição de quem precisa ser salva por um príncipe no cavalo branco. E a história Cinderela é muito icônica e carregada de símbolos que estruturaram as performances de feminilidade que reproduzimos até hoje. Ela é tão potente que deu origem ao conceito de complexo de Cinderela, elaborado e explicado por Colette Dowling em seu livro de mesmo nome.

Cinderela é uma menina que muito nova perde a mãe. O pai se casa de novo e Cinderela vai morar com ele e a madrasta. Esta tem duas filhas, é também viúva e logo depois fica viúva novamente, deixando Cinderela órfã. Sem pai nem mãe, Cinderela passa a ser maltratada e explorada pela madrasta e pelas irmãs postiças, mas mantém um comportamento gentil, generoso e bondoso, sendo sonhadora e resiliente.

A madrasta e suas filhas obrigam Cinderela a fazer, sob total exploração, todas as tarefas domésticas de uma casa em que ela é a proprietária, e, sempre obediente, cumpre todas as ordens sem questionar nada. Um belo dia, todas as meninas do reino são intimadas a comparecer a um grande baile para conhecer o príncipe. Cinderela se entusiasma com a possibilidade de sair de casa por um dia e ter o mínimo de divertimento, entretanto é impedida pela madrasta, que, em vez de proibi-la diretamente, impõe condições: ela só estaria autorizada a ir ao baile se antes cumprisse todas as atividades domésticas e se arranjasse um vestido adequado.

Cinderela, ajudada pelos animais falantes com quem convive, corre contra o tempo e cumpre todas as tarefas impostas, e também reforma um vestido que fora de sua mãe. Assim, ela se sente pronta para ir ao baile. Entretanto, a madrasta e suas filhas veem que o vestido de Cinderela foi reformado com fragmentos de tecidos e objetos pertencentes às irmãs postiças, e estas tomam de volta tudo que lhes pertence, deixando Cinderela com o vestido todo destruído.

Sem um traje adequado para ir ao baile, Cinderela chora, até que aparece sua fada madrinha, que opera uma verdadeira transformação: ela transforma o vestido rasgado num belo traje, transforma uma abóbora em carruagem, transforma os animais repugnantes dos quais Cinderela é amiga em belos cavalos, e calça na jovem um sapatinho de cristal.

Cinderela fica encantada com toda aquela magia, mas a fada madrinha impõe um limite: a mágica está garantida apenas até a meia-noite; depois disso o encanto será perdido e tudo voltará a ser o que era antes. Chegando deslumbrante ao baile em que todas as mulheres se curvam e se apresentam ao príncipe, Cinderela, com sua ingenuidade, caminha impressionada com o que vê no palácio. Até que é abordada por um homem por quem imediatamente se apaixona, os dois dançam juntos e, no momento prestes a tocar as 12 badaladas do relógio, Cinderela foge com medo de que o homem descobrisse quem era ela por trás do feitiço encantado. Em sua fuga, porém, deixa para trás o sapatinho de cristal que calçava.

No dia seguinte, Cinderela descobre que o homem por quem se apaixonou era o príncipe, o que a enche de felicidade, e fica ainda mais feliz quando descobre que o rei empreendeu uma verdadeira caçada para achar a dona do sapatinho de cristal que fora perdido. O rei queria realizar o desejo de seu filho, que estava perdidamente apaixonado pela mulher do sapatinho de cristal.

Todas as mulheres do reino se entusiasmam pela possibilidade de caber no sapatinho para serem desposadas pelo príncipe, e muitas fazem verdadeiros malabarismos, espremendo o pé para servir no calçado, mas é Cinderela,

MAIS VASALISA, MENOS CINDERELA

a verdadeira dona do sapato, que consegue entrar nele. Assim, Cinderela se casa com o príncipe, põe fim à vida triste em que vivia explorada pela madrasta e suas filhas e vai viver feliz para sempre com o príncipe.

De que forma essa história nos impactou quando fomos expostas a ela, ainda na infância? De que forma essa história se atualizou nas novelas e nos filmes de romance? Cinderela e seu sapatinho de cristal veiculam a norma da feminilidade e desenham que o objetivo da vida de uma mulher é ser escolhida e salva por um homem, e que para isso precisa suportar dores e provações, pois no final tudo vale a pena. Cinderela é um exemplo plástico do masoquismo feminino e da produção do senso de incapacidade nas mulheres; é o reforço das performances de gênero fortalecendo a postura heroica dos homens e a fragilidade das mulheres.

A moral da história de Cinderela é vizinha da moral cristã: seja boazinha e obediente e será recompensada. Entretanto, existem outras camadas nocivas que a narrativa de princesamento de Cinderela veicula e que é preciso desdobrar. A primeira delas é a estética da Cinderela: cis, branca, loira, magra, olhos azuis; é assim que se parece uma princesa. Essa estética contribui para a lógica de que o amor está acessível apenas para alguns corpos adequados ao padrão; até porque o filme da Cinderela faz questão de retratar as mulheres odiosas como feias ou estranhas: assim são a madrasta e suas filhas.

A figura da madrasta, que é comumente retratada em histórias infantis, é a representação de uma cisão subjetiva: a madrasta e mãe são a mesma pessoa, mas, por uma incapacidade humana de assimilar as sombras nas pessoas que admiramos e de reconhecer as belezas nas que odiamos, dividimos tudo entre bem e mal. A civilização se estrutura a partir desse pilar e organiza todas as relações segundo essa lógica binária, que incide de modo muito radical sobre as mulheres, sob a forma de "a santa" versus "a puta".

Há uma dimensão da mãe que amamos e uma dimensão da mãe que odiamos; mas, na impossibilidade de odiarmos a mãe, o que equivaleria a um crime moral, uma blasfêmia, precisamos da figura da madrasta — a quem odiamos, mas nos submetemos. O filme da Cinderela explora bastante os efeitos de sombra e luz a fim de evidenciar os aspectos sombrios da personalidade da nova esposa do pai de Cinderela e operar uma civilização emocional: as mulheres não sentem raiva; as que sentem são horríveis e odiosas.

Cinderela, que é retratada como angelical e reluzente, é explorada e humilhada pela madrasta, mas não sente raiva dela, é sempre resignada. A madrasta sente raiva de Cinderela e expressa sua fúria, portanto é retratada sempre em tons sombrios e com uma atmosfera de terror, carregando uma aparência envelhecida, que remete à representação das bruxas nos desenhos infantis.

Qual a função dessa cisão? Sem precisar dizer nada, essa imagem ensina as mulheres que elas não devem sentir raiva, que devem ser sempre conformadas e obedientes; que, se sentirem raiva ou agressividade, serão vistas como más. E assim aprendemos a silenciar, sorrir e acenar, mesmo quando estamos sendo violentadas; afinal, é assim que uma boa menina se comporta.

A figura do príncipe representa bastante o que Freud define como conceito de falo, que é a representação de uma ausência. O príncipe não tem nenhum poder, é apenas um soldado do pai, que é o rei e de fato ocupa o poder. Não é o príncipe que decide casar; é seu pai quem realiza o baile com a intenção de encontrar para o filho uma esposa, para realizar seu próprio desejo de ter netos. É também o pai do príncipe que empreende a caçada pela dona do sapatinho de cristal, ou seja, o príncipe ocupa um lugar de completa passividade e falta de iniciativa; quem comanda todas as peças do jogo real é o rei.

Todo o comportamento gentil, obediente e resiliente de Cinderela cumpre uma função de *docilização* das mulheres, ensinando-as a não contestar e a atravessar sem reclamar as violências às quais são submetidas. Tudo isso configura a *síndrome da boazinha*: mulheres comprometidas em servir e agradar o outro, abrindo mão de seus próprios desejos para priorizar a felicidade do outro; mulheres que não conseguem dizer não nem colocar limites, que se colocam em segundo plano e morrem de medo da rejeição, que estão sempre esperando a aprovação das pessoas.

Esse comportamento inibe e proíbe a mulher de assumir qualquer comportamento assertivo, questionador, autônomo e independente, fazendo com que qualquer postura dessas seja lida como não feminina, portanto não desejável.

Com Cinderela aprendemos também, de forma literal, sobre a rivalidade feminina, em que mulheres competem por um homem. A madrasta tinha inveja de Cinderela por ela ser mais jovem e mais bonita; as filhas da madrasta tinham raiva e inveja de Cinderela e ficaram ainda mais furiosas depois que começaram a competir com ela pelo príncipe. A história naturaliza que mulheres são competitivas, não amigas, que toda mulher é uma rival e uma ameaça, além de colocar a temática amorosa como ponto central na vida de uma mulher.

Não são mulheres competindo por um cargo numa empresa, ou competindo para saber quem é a mais rica ou bem-sucedida, como os homens fazem; são mulheres competindo para saber quem é a mais bonita e a sortuda que será escolhida por um homem. Enquanto homens rivalizam para saber quem deterá o poder, mulheres rivalizam para saber quem é o objeto de luxo mais valioso.

A representação do sapato de cristal na história de Cinderela é também uma representação muito importante, porque é o elemento que concretiza, metaforicamente, a performance de feminilidade. Um sapato de cristal requer que se caminhe lentamente, sempre sob o risco de o calçado se quebrar e os cacos de vidro furarem os pés; ou seja, andar com um sapato de cristal impede Cinderela de correr, de fugir, de dar grandes passos em direção à sua autonomia.

E essa é a função da performance de feminilidade: desde os laçarotes enormes colocados nas cabeças das bebês, os vestidos rodados e volumosos colocados nas meninas, os saltos altos usados na idade adulta, as roupas apertadas e desconfortáveis, as mulheres estão sempre vestidas de um modo que lhes contenha e limite seu movimento.

O sapato de cristal também é o objeto fetichizado no qual todas as mulheres querem caber. Elege-se um modelo, um padrão em que todas as que querem receber o amor do príncipe devem se encaixar. Assim, o sapato de cristal representa essa matriz da mulher ideal, um modelo que serve de inspiração e ao qual todas as mulheres devem se adequar.

O que apreendemos inicialmente como o sapato de cristal que deve caber nos pés para receber o amor do príncipe será, posteriormente, a barriga chapada ou o nariz arrebitado que devemos ter para sermos vistas como bonitas e finalmente sermos desejadas e amadas por um homem.

Na história de Cinderela, a fada madrinha desempenha um papel importante no que diz respeito à salvação que as mulheres esperam. A fada madrinha faz um milagre, uma mágica, e Cinderela pode ir ao baile com um belo vestido e uma bela carruagem à custa de uma operação milagrosa. Não é Cinderela que constrói ou modifica sua realidade; ela sequer é a protagonista alquimista de sua própria transformação; é agente de uma operação transformadora dirigida por alguém.

Parece magia, mas é apenas descredibilização feminina. Assistindo a essa cena, as mulheres introjetam que não serão capazes de sair sozinhas da situação dolorosa em que vivem — Cinderela só vai ao baile porque a fada madrinha operou a mágica e a protagonista só sai da casa da madrasta em que era violentada porque o príncipe a levou para morar no castelo. Na vida adulta, as mulheres experimentam o "efeito fada madrinha" a partir de promessas milagrosas a que são expostas, como uma pílula milagrosa para emagrecimento ou um creme milagroso antirrugas.

Cinderela não colabora em nada para a emancipação e a independência de meninas; apenas contribui para a naturalização da jornada de sofrimento e para a crença de que haverá uma salvação que vem de fora.

Por fim, o objetivo final, o ápice da história, é o casamento de Cinderela com o príncipe, que ela conheceu apenas por algumas horas num baile. Com isso, vemos o fortalecimento do conceito de amor romântico sustentado na paixão avassaladora, na idealização e na ideia de completude e também a crença de que o auge da vida de uma mulher é o casamento.

É como se a história toda de Cinderela tivesse sido dirigida para que ela chegasse até ali, no altar, o que faz com que todo o sofrimento tenha valido a pena. Assim, a subjetividade feminina se define por suportar muita dor e sofrimento — desconforto, dores físicas como a cirurgia plástica e os procedimentos estéticos, submissão e desafeto — para que sejamos premiadas com o amor de um homem. Para as mulheres o amor não vem de graça; é preciso pagar o preço, um preço que se paga com o próprio corpo e até mesmo com a própria vida. Enquanto os homens, ah... esses merecem ser amados de graça.

Vasalisa, a sabida

Enquanto somos criadas ouvindo a história de Cinderela, em *Mulheres que correm com os lobos*, Clarissa Pinkola Estés traz a história de Vasalisa, uma versão mais intuitiva, potente e emancipadora daquela princesa. Se a história de Cinderela veicula o encantamento das princesas, com a história de Vasalisa o que ganha luz é o arquétipo da bruxa; se com Cinderela o que aparece é a obediência, com Vasalisa o que ganha protagonismo é a intuição.

Vasalisa é uma menina que perde a mãe e vai morar com o pai, a madrasta e suas filhas. No leito de morte, sua mãe lhe presenteou com uma boneca. Assim como Cinderela, Vasalisa é humilhada e explorada pela madrasta e suas filhas, que elaboram um plano para eliminar a garota: pedem que ela vá até a floresta buscar o fogo que havia acabado, e imaginam que será devorada pela bruxa que mora na floresta. Obediente, Vasalisa se encaminha para lá a pedido da madrasta. Mas ela não vai só; leva a boneca herdada da mãe.

Atravessando a floresta, Vasalisa vai perguntando à boneca qual caminho seguir, e a boneca vai guiando, conduzindo-a a virar à esquerda ou à direita. Enquanto ouve as respostas, Vasalisa alimenta a boneca e as duas vão seguindo juntas até o destino traçado: a casa da bruxa, onde deveriam pegar o fogo a pedido da madrasta.

Chegando à casa de Baba Yaga, a velha bruxa da floresta, Vasalisa se depara com a clássica imagem da bruxa: queixo comprido e nariz curvo (caracterização física que, além da questão de gênero, é muito apontada como um elemento de antissemitismo), dentro de uma casa construída em cima de uma estrutura que se parece com pés de galinha. Sem medo, a menina faz o pedido pelo fogo, mas Baba Yaga impõe condições: para levar o fogo, Vasalisa precisa cumprir algumas tarefas, que consistem em varrer a casa, lavar a roupa, cozinhar, separar o milho bom do milho mofado e colher as sementes de papoula do monte de estrume. Baba Yaga avisa que, se as tarefas não forem cumpridas, Vasalisa será devorada.

Exausta e assustada em função da quantidade de deveres que tem a cumprir, Vasalisa é auxiliada pela boneca, que executa com primor todas as tarefas enquanto a menina dorme. Ao fim da jornada extenuante, Vasalisa, mais uma vez auxiliada e orientada pela boneca, faz perguntas a Baba Yaga, que lhe diz que ela é muito sabida. Por ter cumprido todas as tarefas, Baba Yaga então entrega a Vasalisa o fogo que ela havia ido buscar, e a menina volta para casa, caminhando pela floresta com uma tocha — um crânio de caveira incandescente ardendo em fogo.

Quando chega em casa, a madrasta e suas filhas humilham mais uma vez Vasalisa; elas pensavam que a menina não fosse sobreviver à peregrinação na floresta. Entretanto, agora Vasalisa tem nas mãos o fogo, e aquela chama arde e queima tanto que põe fogo na casa, carbonizando e reduzindo a cinzas a madrasta perversa e suas filhas.

Ode à intuição feminina

Essa é uma história que não tem príncipe, casamento nem fada madrinha. No lugar da fada madrinha, há Baba Yaga, a velha sábia da floresta; no lugar do príncipe que salva Cinderela dos dramas familiares, a chama ardente sob a posse de Vasalisa, que coloca fogo na casa e nas pessoas que a violentam.

Na história de Vasalisa vemos outra transmissão que não a da feminilidade obediente, uma vez que o que é herdado da mãe é uma boneca, que na história representa a intuição. Assim, a boneca simboliza a voz interior da mulher, a voz intuitiva que conduz o desbravamento das florestas internas, que equipa as mulheres na assunção e realização de seus próprios desejos.

A Baba Yaga, no conto e no livro, representa a mulher sábia, a mulher selvagem, não civilizada, não docilizada, não domesticada. Representada como bruxa, evoca a história das mulheres perseguidas e queimadas na Santa Inquisição por serem subversivas, por dominarem a ciência numa época em que a ciência era postulada por homens; por reivindicarem terras num tempo em que elas pertenciam aos homens. O conto de Vasalisa subverte o imaginário social da bruxa como má, perversa e perigosa e apresenta uma versão da mulher sábia, independente, poderosa e insubmissa.

O conto de Vasalisa é uma ode à intuição feminina, que é, em suma, uma valorização da autoconfiança feminina, que faz com que as mulheres prescindam da figura de um mestre que as conduza, de um príncipe que as salve. Afinal, elas sabem que têm em si mesmas o mapa que lhes aponta o caminho.

A cena em que Vasalisa alimenta a boneca reforça a ideia de que é preciso alimentar a intuição, exercitá-la, afiná-la, confiar no que ela diz, o que é de grande valia para as mulheres, porque aponta um saber que está no interior da psique, não fora, e que conduz as mulheres por um caminho de autonomia e independência.

No livro, Clarissa analisa por uma perspectiva junguiana as reverberações de cada tarefa dada por Baba Yaga a Vasalisa. Entendendo que todo o conto fala sobre a psicodinâmica da subjetividade feminina, Clarissa entende cada uma dessas tarefas como metáfora de processos internos de autoconhecimento que incidem sobre determinados aspectos do comportamento e da subjetividade das mulheres.

Lavar a roupa seria, nesse conto, um processo de elucidação. Clarissa Pinkola Estés não aponta essa perspectiva no livro, mas eu, como brasileira e psicanalista lacaniana, desenvolvi outra análise. Lavar a roupa suja, na linguagem popular, tem o sentido de resolver conflitos, enfrentar e diluir situações dolorosas. Em uma sociedade que ensina mulheres a silenciarem seus incômodos, que estigmatiza como chatas mulheres que reivindicam seus direitos ou como megeras as que dizem não, lavar a roupa é o primeiro passo para desenvolver a intuição, despoluindo a subjetividade de situações dolorosas que não foram elaboradas.

Clarissa Pinkola Estés, seguindo uma linha junguiana, entende as roupas como as máscaras que vestimos. Assim, o ato de lavar roupas cumpre a função de examinar com profundidade e cuidado de que são feitas essas máscaras, quais são os seus relevos, de que são manchadas, encontrar onde estão as costuras, descobrir o avesso. Ou seja, a representação é um questionamento sobre quem somos quando assumimos as máscaras da feminilidade, que performance desempenhamos em nome de sermos boazinhas e agradáveis; é também uma forma de enxergar o outro por trás das máscaras que ele carrega, de enxergar seus avessos.

Varrer a casa e colocá-la em ordem representa organizar internamente as emoções, uma vez que, para as mulheres, muitos sentimentos precisam ser colocados debaixo do tapete. Raiva, ódio, intolerância e tesão são sentimentos proibidos para as mulheres. Portanto, é preciso olhar internamente e encontrar quais foram as coisas perdidas, escondidas, engavetadas e quais são as coisas exibidas, os artigos de decoração.

Quantos comportamentos assumimos por serem comportamentos de vitrine, desejáveis? Quantas emoções suprimimos para não magoar o outro, para não parecermos más? Varrer e arrumar a casa a pedido de Baba Yaga significa rever a nossa casa interior.

Cozinhar significa trazer para a consciência os processos alquímicos, o poder de transformar uma coisa em outra. E cozinhar é também mexer com fogo, elemento perigoso, chama produtiva e criativa. Cozinhar significa transformar o cru em cozido, temperar, dar sabor, alimentar, nutrir. Portanto, no conto de Vasalisa, a tarefa de cozinhar opera um chamado alquímico: uma convocação à transformação. Assim, diferente de Cinderela, que tem a sua realidade transformada pela fada madrinha ou pelo casamento com o príncipe, Vasalisa transforma a própria realidade porque ousou mexer no fogo, seja cozinhando ou incendiando.

Separar o milho bom do milho mofado ou a semente de papoula do estrume significa exercitar a capacidade de avaliar por conta própria o que é bom e o que é ruim, ter a autonomia e a sabedoria de fazer distinções. Esse não é um ensinamento dado às mulheres, uma vez que desde crianças somos poupadas do processo de avaliar riscos e de tomar decisões porque há sempre alguém decidindo por nós. Ser capaz de fazer distinções e tomar decisões é um caminho que promove autoconfiança e rompe com a lógica da dependência emocional e afetiva, que nos coloca em posição de esperar alguém que nos diga o caminho a seguir.

A história de Vasalisa é uma trajetória heroica em que a menina é sua própria heroína com o auxílio dos saberes ancestrais de Baba Yaga. É preciso se perguntar por que chegou a nós a história de Cinderela e não a história de Vasalisa. Por que a história hegemonicamente transmitida é a de uma moça obediente, gentil e resiliente que é salva pelo príncipe e não a de uma menina que atravessou sozinha a floresta e voltou com o fogo, que pôs fim às violências vividas? Por que a história que chegou a nós é a de obediência, e não a de revolução? Quais os efeitos disso sobre a nossa subjetividade?

O conto de Vasalisa e as interpretações trazidas por Clarissa Pinkola Estés em *Mulheres que correm com os lobos* nos lembram que não há independência sem trabalho — não o trabalho exaustivo imposto a Cinderela pela madrasta, mas o trabalho elaborativo e terapêutico de se interrogar sobre seus próprios desejos e emoções.

Não há possibilidade de emancipação sem um trabalho sério de desmontar as certezas, de questionar as crenças, de desafiar as normas. Esse trabalho não se dá de forma masoquista, o que não significa que não será doloroso, mas se impõe como uma construção inédita e autoral que nos reposiciona no mundo, fiéis aos nossos próprios desejos.

Quais são as saídas?

Se desde antes de nascermos já existe um lugar posto para nós a partir da estrutura social e do desejo dos nossos pais, e se esse lugar é a performance de feminilidade que nos quer obedientes e boazinhas a fim de encontrarmos nos relacionamentos e no casamento o auge do sucesso de nossa existência como mulheres, há saída?

Depois de anos tendo a subjetividade colonizada pela história de princesa que nos quer docilizadas, obedientes, boazinhas e frágeis para sermos salvas por um príncipe, há saída para nós?

Como rasgar os mapas que nos deram e inventar outros caminhos, ocupar outros espaços? Como descentralizar das nossas vidas o relacionamento para que seja possível viver o amor, o amor-próprio e o amor pelo outro?

É somente a partir de um exercício profundo, de um pacto coletivo, que será possível desmontar a lógica abusiva das relações e promover um terreno fértil para a emancipação e a independência das mulheres.

Quais são esses movimentos?

ESTUDE A HISTÓRIA DAS MULHERES

Não é possível construir um futuro sem que haja a revisão do passado. Se não entendermos a história da opressão às mulheres e se não soubermos como essa opressão sustentou e estruturou a sociedade em que vivemos hoje, vamos continuar alimentando a engrenagem que nos violenta.

Estudar a história das mulheres a partir de uma perspectiva de gênero, classe e raça é entender que nos encontramos em nossas diferenças e que podemos reproduzir violências e silenciamentos entre nós mesmas. Audre Lorde, importante pensadora feminista, diz que "não sou livre enquanto qualquer outra mulher for prisioneira, ainda que as amarras dela sejam diferentes das minhas".[26]

É comum que mulheres operem revoluções individuais, ocupando lugares de poder que geralmente pertencem aos homens, podendo ganhar muito dinheiro e gozar de um status que não é facilmente possibilitado a nós, mas sem perceber que não basta desmontar a hegemonia masculina, apenas: é preciso desmontar também a hegemonia branca nos espaços de poder.

Estudar os feminismos e se aprofundar na história das mulheres é descolonizar o nosso imaginário de que mulheres sempre foram submissas e frágeis. Entender o patriarcado como um grande cérebro que envia os comandos sociais, determinando e ditando comportamentos e desejos, é fundamental para que se acenda a esperança de que é possível virar o jogo.

Não há saída que não seja coletiva, e, a partir do momento em que nos debruçamos na história das mulheres e vemos que sempre estivemos presentes ali — na ciência, na educação, na política —, e que fomos perseguidas, manipuladas e boicotadas, a urgência em nos agruparmos com outras mulheres para retomar o que nos foi roubado surge como uma convocação.

É preciso honrar as mulheres que vieram antes de nós porque isso nos dará ferramentas para construir o futuro que queremos. Lançar luz sobre as mulheres revolucionárias que vieram antes acende a chama da potência que existe em nós para que sejamos farol para outras mulheres também.

FAÇA TERAPIA

Entender a nossa história pessoal e como ela nos marcou é importante para compreender as origens do nosso modo de sentir e de reagir às coisas. Procure uma psicóloga ou psicanalista feminista que auxilie você na jornada

---

[26] LORDE, Audre. "Os usos da raiva: as mulheres reagem ao racismo". In: *Irmã outsider*. Trad. Stephanie Borges. Belo Horizonte: Autêntica Editora, 2019.

de se debruçar sobre seus sentimentos, pensamentos e desejos levando em consideração a sua história pessoal e a dinâmica social estrutural patriarcal.

É em terapia que nos apropriamos dos nossos desejos, ensaiamos rupturas necessárias, entendemos de onde vêm as dores que sentimos, identificamos gatilhos, nos desfazemos das idealizações que nos atormentam, acolhemos nossas sombras, enxergamos nossas potências e nos encorajamos a operar movimentos.

Estar em terapia é o maior ato de autocuidado e amor-próprio que todos podem fazer por si mesmos, e nós, mulheres, que somos tão invadidas por demandas sociais que definem e determinam os rumos das nossas vidas, seremos muito beneficiadas por um espaço terapêutico que nos auxilie no encontro da nossa verdadeira potência.

JUNTE-SE A OUTRAS MULHERES

Num mundo que nos quer rivais e inimigas, é fundamental construir laços de afeto e cumplicidade com outras mulheres. Forme um grupo de amigas para criar um clube de leitura sobre um livro feminista; faça uma atividade física com uma amiga, uma aula de cerâmica com a sua irmã. Encontre suas amigas regularmente para falarem de vocês: dos seus desejos, dos seus sentimentos, dos seus projetos — não para falar de homem ou de beleza.

Construa um grupo unido, que compartilha experiências, que se acolhe e se ampara. Nos grupos de WhatsApp, divulguem notícias sobre vitórias femininas, levantem discussões sobre os direitos das mulheres e sobre as violências que sofremos. Concordem, discordem, argumentem, pesquisem, questionem.

Nas passeatas e manifestações feministas as mulheres entoam juntas uma canção que diz: "Companheira, me ajude, que eu não posso andar só. Eu sozinha ando bem, mas com você ando melhor!" E é esse o objetivo do agrupamento feminino: um exercício de resistência. Juntas nossas vozes ecoam, formamos uma fortaleza, construímos nós mesmas a rede que nos protegerá.

Mulheres são protagonistas

Você ouve mulheres? Lê mulheres? As referências teóricas que você tem na sua profissão vieram de mulheres? Sua assistência em saúde é feita por mulheres? Você vota em mulheres? Você compra de mulheres? E quem são essas mulheres? São todas brancas e heterossexuais? Ou nas suas referências estão mulheres trans, mães solo, mulheres negras, indígenas, amarelas, marrons, do Sul Global...? Se você só busca mulheres para assuntos relacionados a moda e beleza, está alimentando um sistema que nos quer exatamente nesse lugar, como objetos plásticos numa vitrine.

É preciso reconhecer mulheres em espaços de importância e poder que geralmente são ocupados por homens. Se só lemos literatura masculina, estamos implantando em nós as lentes de um homem sobre o mundo; se nos consultamos apenas com médicos homens, estamos deixando de ter uma visão sobre o nosso corpo e nossa saúde a partir da perspectiva de uma mulher, que tem maiores chances de nos enxergar como um todo do que apenas como um órgão. Se só votamos em homens, não estamos priorizando que leis voltadas para a nossa proteção e bem-estar sejam aprovadas; se só compramos de homens, estamos fortalecendo sua hegemonia econômica.

É preciso virar o jogo e escutar músicas cantadas e compostas por mulheres, ler literatura escrita por mulheres, buscar médicas mulheres, votar em mulheres, assistir filmes e séries protagonizadas por mulheres, fortalecer os empreendimentos femininos. E é claro que, quando cito mulheres, me refiro a mulheres feministas, que estarão comprometidas com uma prática de igualdade de gênero que nos permitirá sermos vistas como sujeito, não como um objeto.

Seja gentil com mulheres

De que vale pleitearmos igualdade de direitos e nos afirmarmos feministas se seguimos indiferentes às dores das mulheres ao nosso redor? Você escuta sua vó, sua mãe, sua tia? Vocês conversam abertamente sobre opressões, relacionamentos e dores vividas? Ou você acha as mulheres da sua família chatas e antiquadas?

Existem pessoas que vivem realidades familiares traumáticas que impossibilitam a relação. Não é porque é família que o amor e o vínculo são uma obrigatoriedade, mas, se você tem uma boa relação com a sua, como estreitar esse laço *desierarquizando* essa relação? Você pode enriquecer sua história escutando das mulheres da sua família coisas que não sabia; assim como elas podem se beneficiar das suas perspectivas sobre a realidade.

Você colabora com as tarefas domésticas ou em toda ceia de Natal é a sua mãe que está sozinha na cozinha fazendo o jantar enquanto você está na sala postando na internet que o Natal é um advento patriarcal? Como você trata a diarista ou a empregada doméstica que te ajuda nas tarefas da casa? Você assina a carteira dela? Paga um salário justo? Acha que, por ter alguém trabalhando para você, pode delegar tudo a ela, e você se sente livre de fazer qualquer coisa que diz respeito à organização da casa?

A SORORIDADE NÃO PODE SER SELETIVA

Se você tem uma amiga ou uma irmã que tem filho, se ofereça para ajudar, para ficar com a criança por algumas horas a fim de que sua amiga possa descansar, ir a uma consulta médica ou mesmo passear. A maternidade é um lugar solitário, e a mulher que é mãe muitas vezes não tem o apoio do companheiro e se sente excluída dos grupos de amigas porque precisa dedicar grande parte de seu tempo à criança.

Às vezes essa amiga que é mãe está vivendo um puerpério numa relação abusiva, e ter uma parceria nesse momento tão sensível pode ser fundamental para que ela encontre o apoio necessário para ir embora dessa relação em segurança.

É preciso exercitar um olhar gentil sobre as nossas amigas, enaltecendo seus talentos e suas belezas. Costumamos enaltecer divas e musas, celebridades, modelos, cantoras e influenciadoras que admiramos, mas deixamos de dirigir esse mesmo olhar para nós mesmas e para nossas amigas. Você costuma dizer como sua amiga é linda? Como a outra amiga é talentosa? Você divulga o trabalho das suas amigas assim como divulga o produto novo que comprou daquela marca famosa?

Nós, mulheres, podemos construir, com nossa rede de apoio e afeto, um bálsamo poderoso que restaure nossa autoestima.

Devolva os seus incômodos

Quantas dores você tem silenciado? Quantos incômodos você engoliu a seco para não constranger o outro ou desagradar? Seja um comentário invasivo sobre o seu corpo ou um pedido inadequado em que você não fez nada, apenas sorriu e acenou, como nos foi ensinado.

É preciso que comecemos minimamente a responder com "Não entendi" às piadinhas machistas que ouvimos; que devolvamos com "Mas quem te perguntou?" quando alguém dá uma opinião não solicitada que nos invade e machuca. É preciso assumir a desconfortável posição de romper ciclos quando eles já não nos fazem bem, de assumir uma postura assertiva mesmo que isso nos imponha o título de arrogantes.

Seja com amigos, a família, o trabalho ou no relacionamento, precisamos demarcar os nossos limites, sinalizar quando estamos sendo desrespeitadas e romper relações com quem nos coloca num lugar de subserviência e inferioridade. É preciso constranger quem constrange e saber que quem te critica e quer que você mude não te ama pelo que você é, mas por aquilo que queria que você fosse. Ficar refém do bem-estar do outro é uma forma de naturalizar e aceitar as violências a que somos submetidas.

Estudar a história das mulheres e fazer terapia ajuda a reconhecer quando os limites foram cruzados. Ter uma rede de apoio, um grupo de amigas que está do nosso lado, nos encoraja a efetivar esse movimento de devolver os incômodos, porque muitas vezes silenciamos por medo de ficarmos sozinhas.

Aprenda a dizer não

Criadas à sombra de Cinderela e aprendendo que precisamos ser boazinhas e obedientes, não exercitamos os nossos limites, não agimos de acordo com as nossas vontades e estamos sempre dizendo sim quando queremos dizer não. A terapia ajuda a entender as origens desse comportamento e a romper com ele, mas é preciso estar atenta e adotar medidas práticas que comecem a naturalizar o "não".

"Não acabei de falar, espera eu concluir!"; "Não vou encontrar com vocês porque eu não quero!"; "Não posso fazer esse favor para você!", e assim por diante. Nós, mulheres, não nos acostumamos a dizer não porque sempre priorizamos o bem estar do outro em detrimento do nosso, porque somos ensinadas a agradar e, sobretudo, porque aprendemos que tudo que é nosso não tem valor.

O seu tempo, o seu afeto, o seu bem-estar, o seu descanso, as suas conquistas, o seu trabalho, tudo isso tem valor e é importante. Não deixe nada que é importante para você em segundo plano para atender as demandas de outras pessoas. Dizer não para o outro é dizer sim para você, para o seu tempo, para o seu bem-estar, para a energia criativa que você vai dirigir para os seus projetos.

Dizer sempre sim para os outros te coloca na posição de quem está ali para servir e agradar, o que vai fazer com que as pessoas te vejam e se aproximem não por quem você é, mas pelo que você tem para dar. Assim, dizer não é um ato de amor-próprio e de autovalorização fundamental para a sua autonomia, saúde mental e independência.

EXERCITE SUA SEXUALIDADE

Vejo muitas mulheres alegando que estão em relacionamentos apenas porque o sexo é muito bom, o que denuncia o quanto é precária a vida sexual feminina. Pelo fato de a nossa sexualidade ter sido cultural e historicamente cerceada e limitada, somos assombradas pelo medo de sermos lidas como "putas" ou "fáceis", o que faz com que o desenvolvimento da nossa sexualidade fique prejudicado.

O primeiro movimento é quebrar o tabu da masturbação e começar a conhecer e estimular o próprio corpo. Se toque, sinta as suas texturas, a sua temperatura, a viscosidade dos seus líquidos vaginais, perceba o que sente. Crie o hábito de se masturbar, converse com suas amigas sobre vibradores e compre um para você; descubra o que te faz gozar e como você goza.

Esteja no sexo de uma forma mais presente e mais assertiva, se comprometa com o seu prazer, e não em agradar o homem. Seja honesta, diga o que você gosta no sexo, sinalize mostrando o que não gosta e não negocie fazer coisas que te deixam desconfortável a pedido do parceiro. Se, por qualquer motivo, no meio do sexo você ficou desconfortável ou perdeu o tesão, levante e vá embora. Se você quer ir para o encontro só para trocar uns beijos e não quer transar, deixe isso bem claro e não se force. Sexo é momento de conexão e troca, não um serviço, uma obrigação.

Perceba se, nas relações em que se insere, você está misturando sexo com amor. Você realmente tem sentimentos pelo homem com quem está saindo ou os momentos de vocês são apenas agradáveis e gostosos? O que você sente é amor ou tesão?

Como o sexo sempre foi um tabu para as mulheres, cercado de muitas proibições e julgamentos, tendemos a achar que um encontro que culminou em relações sexuais gostosas precisa significar um relacionamento, como uma forma de manter a continuidade daquele prazer. Mas às vezes aquela pessoa com quem vivemos encontros sexuais prazerosos é apenas uma pessoa com quem viveremos encontros sexuais prazerosos, e está tudo bem. As nossas trocas sexuais e afetivas não precisam acontecer apenas dentro de um relacionamento; é possível circular por outras vias mais fluidas.

Ou tomamos posse do nosso prazer, nos colocando como agentes potentes da nossa sexualidade, ou estaremos sempre negociando esse prazer.

UM CHAMADO AOS HOMENS

É preciso que os homens se engajem na luta em favor dos direitos das mulheres, e para isso é preciso que eles também estudem a história das mulheres, que façam terapia, que escutem, leiam e votem em mulheres. Os homens precisam se responsabilizar pela opressão que sofremos e da qual eles são beneficiados, interrompendo o ciclo da violência e repreendendo seus amigos quando fazem alguma piada machista ou quando têm um comportamento violento com uma mulher.

Precisam parar com o hábito de enviar pornografia nos grupos de WhatsApp e repreender os amigos que traem sistematicamente suas companheiras. Assim como as mulheres, os homens precisam se agrupar e falar de suas dores, repensar juntos por que são violentos e misóginos e refletir sobre o quanto esses comportamentos impactam suas vidas e ferem as mulheres. Existem muitos grupos que estudam masculinidade, e esse estudo é fundamental para que as mulheres não tenham que explicar para quem as fere a violência a que são expostas cotidianamente.

Os homens precisam quebrar esse padrão tóxico e violento que os pressupõe como provedores, controladores e corajosos e atentar para a maneira como sobrecarregam as mulheres com suas queixas emocionais — ou sua falta de repertório emocional — em vez de procurar ajuda especializada. Precisam cobrar de outros homens que assumam suas responsabilidades como pais e companheiros e intervir sempre em situações em que, no trabalho, na vida ou na família, presenciam uma mulher ser desrespeitada ou violentada.

O fim do patriarcado será um ganho para as mulheres e também para os homens, que poderão se livrar do fardo de super-heróis, e é apenas estudando sobre isso que eles entenderão que o feminismo não implica uma perda para os homens, que feminismo não é vingança, é justiça; e que, com o fim do machismo, todos tendem a ganhar: homens e mulheres.

ENXERGUE-SE COM OLHOS MAIS CARINHOSOS

A quantas batalhas você sobreviveu? Quantas vezes você foi a sua própria heroína? Quanto você já conquistou até aqui? Exercite um olhar generoso para a sua potência. Se olhe no espelho e veja a beleza em você, sem tomar outras mulheres como referência.

Olhando apenas para si mesma, o que você vê? Seus traços, a textura da sua pele e do seu cabelo, suas curvas, os pelos do seu corpo. Sinta. Aterre o seu corpo ao chão, ao seu próprio centro. Enquanto toma banho, se toque e se sinta, cada milímetro de você: quantas histórias seu corpo conta? Quanto seu corpo percorreu até aqui? Enquanto se arruma para ir trabalhar ou passear, se divirta com a sua imagem. Experimente quantas imagens você pode assumir, brincando com o espelho e o seu reflexo. Se fotografe e seja capaz de enxergar beleza, mistério, sensualidade e potência na imagem que reflete você mesma.

Escreva uma carta para você mesma, conte o quanto caminhou, diga de que é feito o chão que você pisa e que você mesma pavimentou. Conte nessa carta seus êxitos, suas vitórias, suas ambições; conte também seus medos, suas sombras, suas vulnerabilidades. Integre todos os aspectos da sua personalidade, sem fazer juízo de valor, sem se importar com o que é bonito ou feio, bom ou mau. Reúna tudo e entenda você mesma como uma unidade plural e diversa.

Ao fim desse exercício de se enxergar, você vai entender o seu valor e a sua importância, vai se perceber como alguém capaz de atravessar florestas, digna de ser amada. É preciso que você se apaixone por si mesma para que alcance qualquer lugar que você queira alcançar.

Seja sua própria companhia

Qual foi a última vez que você fez algo por você? Que você se levou para passear? Que se mimou? Nós, mulheres, estamos sempre esperando uma companhia para fazer coisas de que gostamos porque nos sentimos envergonhadas de fazer certos programas sozinhas, como sair para jantar ou ir ao cinema, atormentadas que somos pela ideia de que uma mulher sozinha é uma mulher fracassada, sem marido.

Fazer sozinha coisas que você aprecia, ter um momento só seu e saboreá-lo, valorizá-lo, é uma forma de trabalhar a autossegurança e a autoconfiança e também o senso de independência. Além de tudo, é uma forma de autocuidado e autoconhecimento. Afinal, se você não for uma boa companhia para si mesma, para quem será? Se você não sabe quais são as coisas de que gosta, se precisa sempre estar com alguém para viabilizar as experiências que quer viver, esse é um caminho para a dependência.

Exercite a autonomia: vá a um restaurante de que goste e jante sozinha, se arrume como se estivesse indo a um encontro, até porque você está; será um encontro consigo mesma. Cozinhe para você, troque a roupa de cama e durma num lençol cheiroso. Organize uma viagem para um lugar que você queira conhecer; se certifique dos protocolos de segurança e vá. Passe uma tarde numa livraria, folheando livros de que goste, tomando um café. Vá ao cinema, ao teatro ou a uma exposição de arte sozinha, com tempo, com calma. Aproveite.

Quando nos sentimos capazes de prover prazer a nós mesmas, passamos a ficar mais exigentes com as companhias que nos são oferecidas, justamente porque entendemos que não precisamos de ninguém para ter felicidade ou viver momentos de prazer.

INVISTA EM VOCÊ

Quais são os seus planos? Seus desejos? Seus talentos? Suas ambições? Investir em você mesma não tem a ver com comprar roupas e sapatos novos, ou fazer procedimentos estéticos. Investir em você mesma é fertilizar os terrenos que a tornarão a mulher da sua vida, é atravessar a jornada que fará de você a heroína da sua própria história. E isso significa levar muito a sério a sua trajetória profissional, social e afetiva.

Você é feliz no seu trabalho hoje? O que você faz te dá tesão? A vida profissional que você tem foi opção sua ou uma escolha que fizeram para você? Tem desejo de empreender num negócio próprio, mas falta coragem? É hora de desengavetar esse plano. Se você chegou até aqui, já tem as ferramentas para despertar o seu desejo e apostar na sua vida. É o momento de farejar, intuir, desbravar; você precisa viver uma vida que te faça sentir tesão.

Invista naquele curso que quer fazer, largue o curso que está fazendo para agradar o seu pai. Desenvolva o seu talento à sua própria maneira. Comece mesmo que tímida, tome pelas mãos, agarre pelas unhas a chance de se mostrar fazendo o que gosta de fazer. Gaste seu tempo planejando, pensando, namorando o seu talento, se apaixonando pelo percurso profissional que está desenhando para si mesma.

Passe um café ou abra um vinho e tenha um encontro com a sua versão do futuro. Planeje com ela os passos necessários para chegar lá. Conte com parcerias férteis, converse com pessoas que podem abrir seus olhos, os caminhos e os horizontes. Gaste tempo estudando o que te agrada, desenvolvendo habilidades novas que te façam sentir-se produtiva e alegre.

Dedique-se aos seus interesses, leia os livros que gosta de ler e estude sobre eles, influencie outras pessoas a lê-los. Faça aulas que sempre quis fazer, programe viagens para lugares que sempre quis conhecer. Se trate com carinho e cuidado, fertilize o seu terreno, regue seu jardim interior, se priorize, carregue sempre com você a chama da caveira incandescente.

Uma mulher bem-resolvida, consciente de sua potência e de sua ambição, é uma mulher segura para dirigir a própria vida e desbravar os caminhos do sucesso e da independência.

ESTEJA ABERTA PARA O AMOR

Se você chegou até aqui, já aprendeu que amor não machuca, não constrange, não controla, não limita. Não há necessidade de decretar guerra ao amor, porque é ele que nos salva: o amor-próprio, o amor pelas mulheres e a experiência de poder amar e ser amada.

Se percorreu todos os caminhos propostos aqui, você saberá identificar o que procura numa relação e terá discernimento para perceber o que está encontrando. O objetivo não é se fechar para o amor, mas estar pronta para separar o milho mofado do milho bom, como vimos em Vasalisa, para identificar se a relação que se apresenta é realmente o que buscamos e o que nos nutre, ou se estamos nos contentando com as migalhas.

Depois de tudo que leu até aqui, você terá firmado pactos fortes e invioláveis consigo mesma e com o seu desejo, terá feito alianças frutíferas e bonitas com uma rede de apoio que acolhe você e te lembra da grandeza que você é, e isso te colocará mais inteira nos relacionamentos, consciente do que você merece, pronta para ler os sinais de perigo e de cilada, preparada para ir embora de onde não te faz bem porque aprendeu a priorizar a si mesma.

Quebre os sapatinhos de cristal que te impedem de correr livre pela estrada que você mesma desenhou. Desbrave a floresta com a segurança de quem corre com o fogo emprestado da mulher sábia e ancestral que sopra nos seus ouvidos a voz da intuição.

Boa caminhada. Você está pronta.

Referências

AKOTIRENE, Carla. *Interseccionalidade*. São Paulo: Sueli Carneiro; Pólen, 2019.

BEAUVOIR, Simone de. *O segundo sexo*. Tradução Sergio Milliet. Rio de Janeiro: Nova Fronteira, 2014. E-book.

BENTO, Cida. *O pacto da branquitude*. São Paulo: Companhia das Letras, 2022.

BUTLER, Judith. *Problemas de gênero*: feminismo e subversão da identidade. Tradução Renato Aguiar. Rio de Janeiro: Civilização Brasileira, 2018.

_____. *Vida precária*: os poderes do luto e da violência. Tradução Andreas Lieber. Belo Horizonte: Autêntica, 2019.

DAVIS, Angela. *Mulheres, raça e classe*. Tradução Heci Regina Candiani. São Paulo: Boitempo, 2016.

ESTÉS, Clarissa Pinkola. *Mulheres que correm com os lobos*. Tradução Waldéa Barcellos. São Paulo: Rocco, 2018.

FANON, Frantz. *Pele negra, máscaras brancas*. Tradução de Sebastião Nascimento e colaboração de Raquel Camargo. São Paulo: Ubu Editora, 2020.

FEDERICI, Silvia. *Calibã e a bruxa*. Tradução Coletivo Sycorax. São Paulo: Elefante, 2019.

FREUD, Sigmund. "Algumas consequências psíquicas da distinção anatômica entre os sexos (1925)". In: *Obras completas, volume 16:* o eu e o id, "autobiografia" e outros textos (1923-1925). Tradução Paulo César de Souza. São Paulo: Companhia das Letras, 2011.

GRAHAM, Dee L. R. *Amar para sobreviver*: mulheres e a síndrome de Estocolmo social. São Paulo: Cassandra, 2021.

LORDE, Audre. *Irmã outsider*. Tradução Stephanie Borges. Belo Horizonte: Autêntica Editora, 2019.

VIANA, Marcus. "A miragem". In: *O clone*: Trilha sonora nacional. Rio de Janeiro: Som Livre, 2002.

ZANELLO, Valeska. *Saúde mental, gênero e dispositivos*: cultura e processos de subjetivação. Curitiba: Appris, 2018.

Este livro foi composto na tipografia Bembo Std,
em corpo 11/15,3, e impresso em
papel off-white no Sistema Cameron da
Divisão Gráfica da Distribuidora Record.